THOSE WHOM HE CONSUMES
HOLY GHOST... FIRE
NDỊ Ọ NA-AGBA
(Igbo & English)

Rich. N. Ekegbo

Rex Charles & Patrick Publications

i

ISBN: 978-978-52867-4-8

Printed and published by:
Rex Charles & Patrick Limited,
Booksmith House, Harmony Place,
P. O. Box 575, Nimo,
Anambra State, Nigeria.

CONTENTS

FOREWORD

From my elementary Catechism class, I learnt that the Holy Spirit (Ghost) is the Third Person of the Holy Trinity. Theologically, I came to know that the Holy Spirit is the love existing between God the Father and God the Son. As the Spirit of love, He is not sent to destroy, rather to strengthen the Church and the Children of God and to renew the face of the earth.

However, the Holy Ghost destroys evil spirit and evil men when they challenge the power of God. That is why He struck Ananias and Saphira dead because of insincerity (Acts 5: 1-10). He also struck Bar-Jesus blind for misleading the people by false prophecy (Acts 13: 10-11).

At the same time, the Holy Ghost is a God of love. He descended on the Apostles on Pentecost day in form of Tongues of fire. That was the origin of "Holy Ghost Fire". But He is not a fire of destruction but a fire that encourages the Apostles and their successors to preach the Gospel without fear or favour. He is a fire on which the foundation of the Church was laid. He is also a fire that reversed the confusion that arose from the Tower of Babel by bringing understanding among the followers of Jesus Christ.

It is a taboo to use the "Holy Ghost Fire!" as a curse. The Holy Ghost is neither matches nor lighter. In addition, He is not a thunder being called upon to strike an enemy. Those who invoke the "Holy Ghost Fire!" at the least provocation should recall that the second command in the decalogue says, "You shall not take the name of the Lord your God in vain", (Ex. 20:7). Therefore, I join the author of this book, Rich. to condemn the attitude of those who use the name of the Holy Spirit (Ghost) as a curse or blaze on their perceived foes. A word is enough for the wise.

May the Holy Ghost renew the face of the earth and rekindle in men and women the fire of His love. May He quench the present fire of destruction ignited on innocent children of God through global terrorism. Here in Nigeria, we pray that the Holy Ghost may touch the hearts of the Boko Haram terrorists to realise that human life is a primary value which belongs to God alone. "You shall not kill" (Ex. 20:13). Holy Ghost, Love!!!

Pat. Amobi Chukwuma (Rev. Fr.),
Cathedral Administrator,
St. Patrick's Catedral,
Awka, Anambra State,
Nigeria.

INTRODUCTION

HOLY GHOST...: FAVOUR!

My journey into the Catholic Church has made me to know that the God-head has always been a source of belief and or disbelief and in a single word controversy. The controversy surrounding this God-head is always in the form of God as Triune in His Unity or as Unity in His diversity. God the Father is no less than God the Son; God the Son no less than God the Holy Spirit; and God the Holy Spirit no less than God the Father. And each has had much to do with believers and unbelievers alike.

Sometimes God the Holy Spirit as the vital force seems to have more meanings attached to Him by the faithful. He is believed to be a vivifying God, yes; a just God, yes; a no nonsense God, yes. Again a merciful God, y...y...yes; an avenging God, well...

This little book, *Holy Ghost...: Fire!*, is aimed at looking at how people paint the picture of the Holy Spirit as the God whose only duty is to defend the defenceless and mediate for the oppressed. Those who see Him this way believe that He stands at every street corner, and at the corner of every worshipping or praying arena, waiting to be invoked to appear with His *Fire* to fight for the cause of justice. But how right is this approach to the Holy Spirit with this questionable method (not Theology), which recently came up with the Pentecostals of this contemporary faithless generation?

Chapter one of this book tries to look at the sins against the Holy Spirit, the word Spirit, and the Jewish belief in it. Chapter two looks at the type of disposition that is required of the Christian in order to recieve the Holy Spirit, as well as how good man is to even mention the name Holy Ghost. Chapter three considers the Holy Spirit as a mystery which, because people fail to understand His way as God, approach Him with human reasoning. This chapter also tries to redirect the reader on the way that the Scripture meant the Holy Spirit to be understood. Chapter four traces the functions of the Holy Spirit starting from the history of Judaism to Christianity. It shows that the Holy Spirit is loving and assisting God, but not a retributive God in such a way that some people think Him to be.

God is a mystery. And He will ever be so. It is the limitation of the knowledge of man that often makes Him put into wrong use whatever might otherwise have been beneficial to him. The Holy Spirit might as well be as good as nice tool in the hands of the wrong users. And the fear is that whatever good that is wrongly used may do more harm than good to any that it chances on.

ISI NKE MBỤ

HOLY GHOST... FIRE!
NDỊ Ọ NA-AGBA

...o siri n'aka gị zitere ndị kwerenu Mụọ nsọ, mbe nke ndụ ebeebe; onye na-eme ka ọrụ kristi zuo oke n'ụwa, na-ewetere mmadụ niile ịdị nsọ.
[Ekpere inye ekele iv].

N'agbanyeghi ka anyị siri chee na anyị abụrụla agadi n'ụka, anyị nwere ike na-aga n'ihu ịjụ ihe bụ Mmụọ Nsọ, dịka Katkiizim sị jụ: "Onye bụ Mụọ Nsọ"? Dika okwukwe anyị siri dị, katkiizim kwuru na Mmụọ Nsọ bụ pesin nke atọ na Chukwu. Mana ajụjụ a ka dịrịrị mkpa ịgbatịkwu. Ya mere Katkiizim jiri zaa onye bụ Chukwu sị, "Chukwu bụ mmụọ, **dị omimi, bụrụ a macha**

CHAPTER ONE

HOLY GHOST... FIRE!
THOSE WHOM HE CONSUMES

...he sent the holy spirit from you, father, as his first gift to those who believe, to complete his work on earth and bring us the fullness of grace.
[From Eucharistic Prayer iv].

Even when we think we are now matured as Christians, we may still be inquiring about what the Holy Spirit is, just as **The Catechism of Christian Doctrine** (1971:14) asks, *"Who is the Holy Spirit?"* And as our faith stands, the Catechism answers that *The Holy Spirit is the third Person of the Blessed Trinity.* But this needs further explanation. So in answer to the next

amacha; onye ji aka ya dịrị n'onwe ya, n'enweghi isi mbido, n'enweghi isi njedewe, bụrụazị onye okike na Osebruwa nke ihe niile". (Katkiizim: ọnụọgụgụ nke 23).

Mmụọ Nsọ si na Nna na Nwa pụta. Mana ọ bụghị n'ụdị e nwere ike ịsị na mmadụ si n'ime ụlọ pụta gazie nọrọ iche, nke na ihe dịka tinkọm tinkọm olenaole gachaa, mmadụ nwere ike naghaa na ọ bụghị n'ime ụlọ ahụ ka onye ahụ siri pụta. Mba, kama ụdị isi na Nna na Nwa pụta a na-ekwu maka ya, nwere ike ịbụ ihe dịka ejula, maọbụ mbe isi n'ime okpokoro ha were pioputa, na-emegharị, na-agagharị, na-eme ihe niile ha kwesiri ime dịka ndụ ha siri dị, n'agbanyeghi na okpokoro ha dịka ọ dị iche, ma ha adịghị. N'ezie, ka ha na-adị ndụ, okpokoro ha so ha adị, ha nwụọ anwụ, ime okpokoro ha dịka akpatị ozu ha. Ebe

question, *"Is the Holy Spirit equal to the Father and to the Son?;* the Catechism says that *"The Holy Spirit is equal to the Father and to the Son, for he is the same Lord and God as they are"*.

The Holy Spirit proceeded from the Father and the Son. But this proceeding does not mean the type that one can say that a person goes out of his house and stays away from it in such a way that after a few seconds, one can even say that it is not even from the said house that the person went out. No, but this proceeding from the Father and the son is comparable to the snail or the tortoise going out of its shell, moves about; yet it is still part of the shell; though its shell looks as if it is different from it. In fact as it lives, its shell lives and if it dies, its shell dies with it since its shell is as good as

mmadụ ga-ebido ghọtahiewe Mmụọ Nsọ bụ mgbe mmadụ ga-eche na ebe Mmụọ Nsọ si na Nna na Nwa pụta, na ịbụ Chukwu Ọ bụ ezuzighi oke, maọbụ na ịbụ Chukwu Ọ bụ enweela mmerube.

O kwesiri ka anyị na-ahụ Mmụọ Nsọ ka mbe nke ndụ ebeebe, ka anyị na-elegakwara anya ihe ọ pụtara, bụ mbe ahụ dị n'ime ya bụ ebeebe. Mbe nke anyị na-ekwu maka ya ebe a abụghị mbè nke bụ anụọhịa, ndị be anyị na-ahụ dịka anụ aghụghọ. Anyị anakwaghị ekwu maka ya bụ ụkpana ụfọdụ ndị mmadụ na-akpọ ègu; anyị anakwaghị ekwu maka ụdị mkpu a na-akpọ mbe maọbụ akụmkpu. Kama n'ebe a, anyị na-ekwu maka nzọ e ji arị elu site n'ịzọkwasị ya ụkwụ. Site na enyemaka mbe, nke ụfọdụ mmadụ na-akpọ nzọ, ka ndị na-arụ ụlọ na-eji enwe ike arị elu dị iche iche, were nwee ike ime ihe dị iche iche dịka ịghọta mkpụrụosisi maọbụ igbuka osisi na ịrị elu ụlọ mgbe ha na-arụ ụlọ. Ọ bụ etu e si eji nzọ azọgo elu were ruo n'ebe

its natural coffin. Where a person begins to misunderstand the Holy Spirit is when one begins to think that since the Holy Spirit proceeded from the Father and the Son, that His *Godness* is no more, or that His *Godness* has been separated.

The Holy Spirit should always be seen as the laddar that leads to eternal life. We are not talking about any type of ladder, but we are here talking about a special ladder which lifts a person and sustains him beyond the height of any skyscrapper. It is this type of ladder that helps the bricklayers to climb to any height. With the ladder, one can climb even the peak of any tree or the height of any building as one undertakes its construction. It is how the ladder is used for climbing that the Holy Spirit helps the Christian to

mmadụ chọrọ ijedewe, were mee ihe ọ chọrọ ime n'elu, ka Mmụọ Nsọ sị enyere onye Otu Kristi chọrọ enyemaka aka, ka o nwee ike iji enyemaka nke Mmụọ Nsọ were zọrụo na ndụ ebeebe.

N'ime Akwụkwọ o degaara ndị Galatia, Paul dị Asọ, n'ụzọ dị etu a, deputara ihe ndị nwere ike ịnapụ mmadụ mbe nke ndụ ebeebe sị:

Ọ bụrụ na mmụọ na-edu unu, unu anọghịkwa n'okpuru iwu. Ugbua, ọrụ nke anụahụ pụtara ihe; ịkwaiko, omume ruru inyi, aguụ ịkwaiko, ikpere arụsị, ịgwọ nsị, ibu iro, esemokwu, ekworo, ọnụma, ịchọ nke onwe, nkewa, ịrọ otu, ntajianya, ịñụbiga mmanya oke, iri oke oriri na ịgba ajọ egwu na ihe ndị ọzọ dị otu a. Ana m adọ unu aka na nti ugbua etu m si dọọ unu na mbụ, na ndị na-eme ihe dị otu a agaghị eketa alaeze eluigwe. Gal.5: 18-21.

Mana na mmechi ya, o deputara ihe ndị ahụ ga-eme ka Mmụọ Nsọ bụụrụ ndị nwere ya mbe nke ndụ

do whatever good that he wants to do, and to reach to any level of perfection that he or she intends in the practice of piety until he reaches eternal life.

St. Paul wrote to the Galatians about the things that can prevent one from reaching eternal life like this:

When self-indulgence is at work the results are obvious: sexual vice, impurity, and sensuality. The worship of false gods and sorcery; antagonisms and rivalry, jealousy, bad temper and quarrels, disagreements, factions and malice, drunkenness, orgies and all such things. Gal. 5:18-21.

In conclusion, it outlined those things that make those who posses the Holy

ebeebe. "Mana mkpụrụ nke mmụọ bụ: ịhụnanya, ọńụ, udo, ndidi, obiọma, ịdị mma, ikwesi ntụkwasịobi, ịdị nwayọọ na njikọta nke onwe; ọ dịghị iwu ọbụla megidere ihe ndị a" Gal. 5:22-23.

Dịka onye dị asọ siri kwu, kedu uru ọ bara na mmadụ ga-ebicha ndụ ọ ga-ebi n'ụwa, gbachaa mbọ niile o nwere ike ịgba, ma hapụ ije eluigwe? Chukwu ekwela ka ọ dịrị anyị etu a. Na anyị bụ ụmụ Chineke, na e mere anyị mmirichukwu; n'ezie, na e kwere anyị nkwa paradaịsị apụtaghị na paradaịsị abụrụla nke anyị. N'ezie, o kwereri omume na mmadụ ga-adaberezi n'oche ndabe, chịsaa aka ya na ụkwụ ya abụọ ka nwa nza rijuchara afọ sị chi ya bịa were ya, na-ekele Chineke na nzọpụta aghaghị ịbụ oke ya, ebe Jesu gbapụtarala mmadụ dum n'elu obe. Okwu onye dị asọ bụ Augustine kwuru bu na Chineke I nyereghi aka were kee onwe gi, apụghị ịzọpụta

Spirit have eternal life thus, "**On the other hand the fruit of the Spirit is love, joy, peace, patience, kindness, goodness, truthfulness, gentleness and self-control**". Gal. 5:22-23.

As the Saint said, what is the gain in it that a person, after this life on earth, and all the struggles, cannot go to heaven? May God never allow this happen to us. That we are baptized, that we are sons of God and indeed that we are promised paradise, does not mean that paradise is already ours. Indeed it is possible that a person can lean on a backchair, spread his hands like the wren that after feeding fine says to God to come and take its life, and continues to thank God that there is no way salvation cannot be his, since Christ died for us on

gị ma I tinyeghi aka gị.

NJỌ MEGIDERE MMỤỌ NSỌ

Mgbe ọ na-ezi oziọma, Kristi kwuru okwu onye ọ bụla jiri kwesi ilenwo anya n'ihe bụ Mmụọ Nsọ. Ọ bụ eziokwu na ọ kpọghị okwu aha, Ọ kọwachaghị ya akọwa, nke ọ na-egbudalu ya bụ ugwu ala, mana o mere ka o doo anya bụ ọnọdụ Chineke na ọnọdụ njọ. Okwu ya maka ụdị ihe abụọ nke e nwere ike ịsị na ha anaghị adakọ dị etu a :

CHUKWU = NJỌ= MMADỤ.

Ọ pụtara na njọ bụ ọgbatauhie n'inweta Mmụọ Nsọ, ebe Mmụọ Nsọ bụ mbe nke ndụ ebeebe. Ka o si tinye ya, oziọma Matthew dere ya etu a:

> Ndị odeakwụkwọ si na Jerusalem gbadata na-ekwukwa si, "Mụọ Belzebul ejidele ya, ọ bụkwa n'ike mmụọ ọjọọ ka o ji achụpụ

the Cross.

THE SIN AGAINST THE HOLY SPIRIT.

During his ministry, Christ made a statement that ought to make every person recast his mind about the true meaning of the Holy Spirit. Though he was not explicit, he did not explain it well, neither did he simplify it, but made clear God's position and the position of sin:

GOD=SIN=MAN.

That means sin is a barrier preventing man from getting the Holy Spirit, while the Holy Spirit Himself is the assurance of salvation. St.Matthew's gospel has it like this:

> Then they brought to him a blind and dumb demoniac; and he cured him, so that the dumb man could speak and

ndị ajọ mmụọ. N'ihi nke a Jesu kpọrọ ha, tụọrọ ha ilu ndị a sị, "Olee otu ekwensu ga-esi achụpụ ekwensu? Alaeze ọbụla kewara ekewa iji megide onwe ya, agaghị eguzo. Ezinaụlọ ọbụla kewara ekewa iji megide onwe ya agaghị eguzokwa. Ọ bụrụkwa na ekwensu ebilie megide onwe ya, ọ gaghị eguzo; kama isi njedebe ya abịala nso" Mak 3:22-26.

Na mmechi okwu a a kpụ n'ọnụ, Ọ tụkwasịrị ya ihe e nwere ike iwe ka mkpebi ikpe sị:

N'ezie agwa m ụnụ, a ga-agbaghara ụmụ mmadụ mmehie ha niile na nkwụlụ ha ọbụla; ma onye ọbụla

see. All the people were astounded and said, 'Can this be the son of David'? But when the Pharisees heard this they said, 'this man drives out devils only through Beelzebul, the chief of the devils'. Knowing what is in their minds he said to them, every kingdom divided against itself is heading for ruin; and no town, no household divided against itself can last. Now if Satan drives out Satan, he is divided against itself; so how can his kingdom last? And if it is through Beelzebul that I drive devils out, through whom do your own experts drive them out? They shall be your judges, then. But if it is through the Spirit of God that I drive out devils, then be sure that the kingdom of God has caught you unawares". Matt. 12:22-28.

And to conclude this matter at

kwulụrụ Mmụọ Nsọ agaghị enweta mgbaghara, kama ọ nọ n'ikpe ọmụma nke njọ, ebeebe. O kwuru nke a n'ihina ụfọdụ n'ime ha sịrị, "O nwere mmụọ ọjọọ n'ime ya." Mak 3:28-30.

Nkọwa ihe ndị a si etu a dị: Jesu chụpụrụ mmụọ ọjọọ, (nke a bụ ime ihe ọma), etu o si dị mma dibịa bekee ịgwọ ọrịa. Mana Anyaụfụ ekweghi ndị na-eleli ya ịnabata ihe ọma O meere ha. Ka anyị si etu a tinye ya:

Mmụọ nke isi na ogbi - ọrịa.

Ọgwụgwọ (nsọ) Ọ gwọrọ ya – ihe ọma.

Ịnụ maka ya bụ ọgwụgwọ nsọ - Ihe ọma.

Ihe ha kwuru maka ihe ha nụrụ - Anyaụfụ (njọ).

'Ọ na-achụpụ mmụọ ọjọọ site n'ike nke o ji bụrụ

hand, he added thus:

'In truth I tell you, all human sins will be forgiven, and all the blasphemies ever uttered; but anyone who blasphemes against the Holy Spirit will never be forgiven, but is guilty of eternal sin'. This is because they were saying, 'There is an unclean spirit in him'. Mk. 3:28-30.

This episode in explanation is like this: Jesus drove out the evil spirit (this is a good deed), as it is a good deed for the medical doctor to heal the sick. But jealousy did not allow his adversaries to admit his good deed. And so let us explain it this way:

The spirit of dumbness and blindness – Sickness.

The miracle of the healing – good deed.

Hearing about that healing

onyeisi ajọ mmụọ' - Nkwutọ (njọ).

Ịkpọ mmadụ Ekwensu - Arụ (n'agbanyeghi na ọ gaghị eme ka mmadụ bụrụ ekwensu).

Ezinaụlọ kewara onwe ya apụghị ịgụzo - Nkọwa.

Kedu ebe ike ndị ọ kacha mara na ndị otu unu ji achụpụ nke ha si? - Ajụjụ.

Ọ bụrụ site n'ike nke Chukwu ka m ji achụpụ ekwensu, mara na alaeze nke Chineke agbalahụla unu.
– Ikpe ọmụma.

Nke a bụ makana a na-asị na ọ na-achụpụ mmụọ ọjọọ site n'ike nke o jiri bụrụ onyeisi ajọ mmụọ - Nkọwa ikpeọmụma.

Mpụtara ihe nke a bụ na okwuọnụ ndị Pharisee a,

– *good thing*

What they said about what he did – *Jealousy*

'This man drives out devils only through Beelzebul, the chief of the devils' – *Blasphemy.*

To call a person devil – *abomination* (though that will not make a person become a devil).

Every kingdom divided against itself is heading for ruin; and no town, no household divided against itself can last – *Explanation*

Through whom do your own experts drive them out? - *A question*

But if it is through the Spirit of God that I drive out devils, then be sure that the kingdom of God has caught you unawares".
- *Condemnation*

This is because they were saying, 'There is an unclean spirit in him' Mk.3:30 **Explanation of reason for condemnation.**

na-egosi na ha etosibeghi ịbata na ndụ ebeebe, bụrụgodu na a sị na onye ọ bụla bụ nwa nke Chineke, e merela mmirichukwu, abụrụla nwa nke Chukwu, onye nweterela Mmụọ Nsọ, si etu ahụ nweta mbe nke ndụ ebeebe na nkwa. Nke a bụ makana ebe okwuọnụ bụ ihe obi si na ya egosi onwe ya, okwuọnụ ndị a na-egosi na obi ha dị anya n'ebe Chineke nọ, nke pụtara na ha anabataghị Mmụọ Nsọ, bụ onye ya na Nna na Nwa bụ otu.

Ọtụtụ oge, anyị na-egosipụta echiche anyị site n'ihe anyị ji ọnụ anyị ekwuputa. Ọtụtụ oge ana m asị na abụ m onye otu Kristi makana ana m eje ụka maọbụ makana e mere m mmirichukwu. Omume ndị Pharisee na-egosi ndị amatabeghi ihe a

The outcome of this episode therefore implies that the Pharisees, because of their blasphemy, are not yet worthy of eternal life, despite the fact that every baptized person, who by that baptism has received the Holy Spirit, is a child of God with which eternal life is guaranteed. This is because words reveal the contents of the mind. The Pharisees utterances have shown that their minds are far away from God, which means they have not yet started to show that they have received the Holy Spirit, who is the same with the Father.

Many a time, we reveal what we have in mind by what we say. Sometimes, I say that I am a Christian simply because I go to Church or simply because I was baptized. The action of the Pharisees is an example of those who have

na-ekwu. N'ezie, n'ezie ụdị amamihe ha akarịbeghi ihe anya ha na-ahụ na ihe ntị ha na-anụ. Nke a bụ ihe mbụ e ji ama ndị ka na-ebi ndụ n'anụahụ. Otu n'ihe ndị na-agbachi obi anyị ka itiri bụ anyaụfụ. Anyaụfụ bụ ọrịa anaghị ekwe ka obi anyị hụ ihe, ghere oghe, were nwee ike ịnabata Mmụọ nsọ. Ma onye na-achọ mmụta nwere ike jụọ, "kedu etu m ga-esi mata na m nabatara Mmụọ Nsọ?"

Ịnabata Mmụọ nsọ bụ ịnabata ihe niile dị mma, dị uchu, dị ọgọ, dị ngori.

N'ikpeazụ, ụmụnna m, meenu ka obi unu juputa n'ihe niile bụ eziokwu, ihe niile kwesiri ekwesi, ihe ziri ezi, ihe niile dị ọcha, ihe niile kwesiri ịhụnanya na ihe niile e jiri amara mee. Ọ bụrụ na o nwere ihe ọ bụla

not known what they were saying. Truely their type of wisdom reveals that they are still very myopic in the things of God. And this is how those who still live in the flesh are known. One of the things that blinds our minds is jealousy. Jealousy is a wicked disease that never allows our mind to see the light. It never allows it to be open to receive the Holy Spirit. But any serious enquirer may ask, "How can I know that I have admitted the Holy Spirit?

To admit the Holy Spirit implies accepting every good thing. It means to be industrious, serene and glorious.

Therefore, finally, brothers, fill your minds with everything that is true, everything that is honourable, everything that is

mafere mma oke maọbụ nke kwesiri otito kariạ, na-echenu echiche banyere ihe ndị a. Phil. 4:8.

Ịnabata Mmụọ Nsọ ga-apụtarịrị ihe na ndụ mmadụ. Onye ọ bụla na-anabata ihe ọ bụla dị mma, bụ onye nwere ike ịnabata ndị mere maọbụ na-eme ihe dị mma. Ụdị onye ahụ abụghị ụdị ndị họrọ ụmụ ụmụ chie ọzọ, họrọ ụmụ ụmụ gbuo ichi, n'ihi na bido n'obi ya, ruo na ndụ ya niile, n'ezie n'ihe niile ọ na-eme, ọ na-egosi na ya hụrụ Chukwu n'anya. Ọ bụ ụdị ndị dị etu a nwere ike ịhụ mbe nke ndụ ebeebe, na uchu dị na Mmụọ Nsọ nke Chineke na-asọ ihe rụrụ arụ, obi rụrụ arụ, na okwu adịghị ọcha. N'ihi nke a, onye ọ bụla abụghị nwa nke Chineke, anaghị egosi onye nke Chineke. Tupu mmadụ anakwuru Chukwu, ọ ga-adịrịrị ọcha, ma nwee ezi obi n'ebe Chineke na

upright and pure, everything that we love and admire – with whatever is good and praiseworthy". Phil. 4:8.

The life of the Holy Spirit must show itself in the life of a person. Any person that admits good things is the person that receives good people and people who do good things. Such a person can never be selector of the type of people to associate with. This is because from such a person's mind, through his entire lifestyle, he shows that he loves God. This is the type of person that can see the ladder of eternal life and the gains inherent in the Holy Spirit of the God that abhors filt, corrupt mind and blasphemy. For this reason, any person that is not a child of God does not manifest God. Before a

mmadụ ibe ya nọ. Ndị Pharisee enweghi ezi obi ebe Jesu nọ, n'ihi nke a, ha agaghị enwe ezi obi ebe Chukwu Nna nọ; ọ bụzi Chukwu Mmụọ Nsọ ka ha ga-enwe ezi obi ebe ọ nọ? Iwu nke ịhụnanya kwuputara, ma dụọ ọdụ ka anyị na-ahụ Chukwu n'anya karịchaa ihe niile, hụazi mmadụ ibe anyị n'anya. Nke a adịghị mfe maka onye chọrọ ime etu a. Nke a bụ ihe siri ike omume, ma na-egosi onye otu Kristi bụ ihe o kwesiri ịbụ. Onye ndụ nke Mmụọ Nsọ dị n'ime ya anaghị asụ asụsụ ọ bụla rụrụ arụ n'ebe Chineke maọbụ mmadụ ibe ya nọ. Onye ọ bụla dị etu a bụ onye anaghị enwe ihe ọ bụla na-egosi nkewa, ịhọ otu, ịsọ anya, ileda mmadụ ibe ya anya, maọbụ ịsọ mmadụ ibe ya oyi. Onye dị etu a bụ onye onye ọ bụla nwere ike ịsị maka ya, na ihe nke Kristi na-achawapụta site n'ime ya.

person goes back to God, he must be pure, and must have pure mind before God and his neighbour. The Pharisees did not have pure mind for Jesus; and for this, they will not have pure mind for God the Father, nor would they have pure mind for the Person of God the Holy Spirit. The Law of love states and advises that we love God above all things and our neighbours too. But this is not easy for anyone that wants to practice it. This is difficult, yet it is that which shows what a Christian should be. Any person that has the life of the Holy Spirit in him does not blaspheme against God and does not speak evil against his neighbour. Any person that has the life of the Holy Spirit in him does not segregate, he is not timid, he is not scornful, and does not take his neighbour as nothing.

ETU NDỊ JUU SI GHỌTA MMỤỌ NSỌ

Na nghọta nke ndị Juu, Mmụọ nsọ bụ onye nke na-ewetara mmadụ eziokwu maka Chukwu.

Ọ bụ Mmụọ nsọ na-akụziri ndị nke Chineke ihe ha ga-eme.

Ọ bụ Mmụọ nsọ bụ onye malitere na ndụdụgandụ ruo na ndụdụgandụ, na-ewetara ndị mmadụ eziokwu. N'ihi nke a, Jesu bụ otu onye na-ewetara ndị mmadụ eziokwu maka Chukwu, n'ihi na ya na Mmụọ Nsọ bụ otu ihe.

Ọ bụghị naanị na ndị Juu kwenyere na Mmụọ nsọ na-ewetara ndị mmadụ eziokwu maka Chukwu, kamakwa ha weere ya na Ọ na-eme ka ndị mmadụ na-amata ya bụ eziokwu ma ha hụ ya.

RUAH, SPIRIT, MMỤỌ

{Hebrews, English, Igbo}

I. Mmụọ bụ okukuume.

This is the type of person for which every person can speak about saying, "he radiates Christ".

HOW THE JEWS UNDERSTOOD THE HOLY SPIRIT.

In their own understanding, the Jews believe that the Holy Spirit is one that brings the truth about God to man.

They believe that it is the Holy Spirit that teaches the Children of God what to do.

They believe that it is the Holy Spirit that brings the truth to man from generation to generation.

The Jews believe that not only that the Holy Spirit brings the truth about God to man, but that He makes people to understand that truth when they see it.

Ndị Juu na-akpọ mmụọ ruach, nke bụ spirit n'olu bekee, maọbụ *pneuma* n'asụsụ Griik, nke pụtara okukuume. Ọ bụ okukuume bụ ndụ. Onye na-eku ume bụ onye dị ndụ. Onye dị ndụ, na-eku ume, na-adịdewe ndụ ma ọ kwụsị iku ume. Nke a mee, ọ bụrụ ozu. Nke a pụtara na ikwe nkwa mmụọ bụ ikwe nkwa ndụ. Mmụọ nke Chukwu na-ekunye ndụ n'ime mmadụ (Gen. 2:7). Oge mmụọ nke Chineke na-abanye n'ime anyị, ikeọgwụgwụ, ure, ikeọgwụgwụ na emeri na-agafee, ndụ ebido, ndụ ọhụrụ na-asụbatazi n'ime mmadụ.

II. Mmụọ nke Chukwu bụ Mmụọ nke ike.

Okwu a bụ mụọ (ruach) apụtaghị naanị okukuume, kama ọ pụtakwara ifufe. Ifufe ebirimmiri na-ebuli oke ụgbọmmiri elu, ebe oke ifufe na-abọ osisi n'ukwu. Etu ọ dị, ifufe nwere ike

RUAH, SPIRIT, MMỤỌ

{Hebrews, English, Igbo}

I. Spirit is breathing.

The Jews call Spirit Ruah, which means Mmụọ in Igbo or *Pneuma* in Greek; the word that means breathing. It is the breath of life. The person that breaths is the person who is alive. A person who is alive and continues to breath stops to live when he stops breathing. When this happens he is a corpse. The Spirit of God breaths life into man (Gen. 2:7). When the Spirit of God has entered into man, weakness, uncleanness, tiredness and regret pass away, life begins; new life begins to manifest.

II. The Spirit of God is the Spirit of Strength.

This word, ruah does not mean only breathing, it also means wind. The sea

mmadụ enweghi ike ijitu ejitu. Mmụọ nke Chukwu bụ Mmụọ nke ike. Mmụọ nke Chukwu banye n'ime mmadụ, adịghị ike na-eyikwasị ike nke Chineke. Onye ahụ na-ebido mewe ihe nyịrị omume, na-etinye isi n'ihe a hụtụbeghi, na-edikwa ihe siri ike odidi. Nkoropu na-eyila; ebe mmeri na-ebu oche anọchi.

III. Mmụọ nke ike nke okike na-asọkwụnye isi na mmụọ nke Chukwu.

Ọ bụ mmụọ nke Chineke gagharịrị n'elu mmiri, were mee ka efu bụrụ ụwa; ka ọgbaghara dajụọ, keputa ụwa site na ntụ igirigi.

IV. Ndị Juu hanyeere mmụọ ọrụ pụtawagara ihe.

Mmụọ wetaara mmadụ eziokwu nke Chukwu,

wind up a very big ship, while a heavy wind uproots a tree. The wind has the type of strength that man cannot control. The Spirit of God is the Spirit of Strength. When the Spirit of God enters into a man, powerlessness is clothed with the strength of God. The renegade will begin to do the unimaginable; he begins to attempt the unforeseen, and bears the unbearable; despair disappears while victory takes over.

III. The spirit of Power of Creation joins the Spirit of God.

It is the Spirit of God that moves over the sea, and made nothingness become the Earth, confusion settled and the world was made from dust.

IV. The Jews

nchọpụta ọhụrụ ọ bụla si n'ụdị nchọpụta ọ bụla were pụta bụ onyinye nke mmụọ. Ọ bụrụ na mmụọ abanye n'obi mmadụ, ọ na-agbanwe echere m na ọ dị mma dị n'ime mmadụ ka ọ bụrụ ihe ido anya si na Chineke, mee ka iberibe dị n'ime mmadụ bụrụ amamihe nke Chineke.

V. Mmụọ na-eme ka mmadụ mata eziokwu nke Chineke oge ọ bụla ọ hụrụ ya.

Mmụọ banye n'obi anyị, anya anyị na-emepe; echiche ekworo na-ekpu anyị isi na-apụ. Mmụọ na-eme ka mmadụ hụ ụzọ.

Mmụọ nke Chineke bụ ya bụ ọnọkọ na-ejide ọkụ ka o were na-achake. Mgbe ọ bụla Mmụọ nke Chineke nọ n'ime mmadụ, ọ na-eme ka echiche mmadụ bụrụ ihe na-egosi na Chineke bi n'ime ya bụ onye, na-enye ya ndụ. Onye dị etu ahụ na-achọ ihe; ihe nke

assigned outstanding roles to the Spirit.

The Spirit brought the truth about God to man. Any new discovery that comes up is the gift of the spirit. When the spirit enters the mind of a person, it changes the "I thought it was good" to clarity, and makes the stupidity in man become the wisdom of God.

V. The Spirit makes man to know God's truth whenever he sees it.

When the Spirit enters our soul, our eyes are opened; our thought and the acrimony that blinds us disappear. The Spirit makes a person to see.

The Holy Spirit of God is the lampstand that holds the light and makes it to brighten. Whenever the Spirit of God is in man, it radiates God in such a

eziokwu. Ọ na-ebi n'ime ihe, ma buazịrị otu n'ime ọtụtụ ụzọ n'ime ụwa. Ọtụtụ mmịmị Mmụọ Nsọ si n'ime onye o bi n'ime ya amịpụta ma na-agba n'ihe ma n'ehihie ma n'abalị gụnyere udo, ịdị uchu, ịhụnanya, echiche maka ịdị mma ndị ọzọ, were dịrị gawa, n'ewepughi ihe iri na abụọ Paul kwururlarịị.

Mgbe Mmụọ Nsọ nke Chineke si n'ime mmadụ pụọ, omume onye ahụ na-agbanwe n'ụzọ na-agbagwoju anya. Kedu ka Akwụkwọ Nsọ si tinye ya, etu o si metụta ndụ Saul? (1 Sam. 19:9-11). Ọ burị Eziokwu na Akwụkwọ Nsọ sị n'ebe a, na mmụọ ọjọọ banyere n'ime Saul, o ji malite chụghariwa David, ka o gbuo ya, mana ngụrụgawa gosiri na o teela Saul ji biwe ndụ na-egosi na mmụọ nke Chineke adịghị n'ime ya, nke meziri ka mmụọ ọjọọ hụ ime obi ya

person, and gives him life. Such a person seeks the light always; the light of truth. He lives in the light, and becomes one of the numerous ways in the world in guiding others. Some of the ways to know the fruits of the Holy Spirit that lives in man which radiates in him include peace, industry, love, the thought about the welfare of others, and so on, including the twelve that St. Paul has already mentioned.

But when the Holy Spirit of God goes out of a person, his way of life changes for worse beyond imagining. How does the Bible put it as it has to do with the life of Saul? (1 Sam. 19:9-11). Though the Bible says - here that the evil Spirit entered Saul, which made him pursue David about, to kill him, further reading reveals that it had been a long time that Saul began to live the type of life that shows that

ka ebe kwesiri ya. Nke a bụ ihe ịdọ aka na ntị nyere ndị niile ọchịchị na ngala na-eso ya na-eduhie ụzọ.

the spirit of God was not in him, which made the evil spirit see his soul as a worthy dwelling place. This is a thing of warning to all those who are being misled by pride and over ambition for leadership.

ISI NKE ABỤỌ

IHE MMỤỌ NSỌ NA-EME GA

...*Mmụọ Nsọ, onye na-eme ka ọrụ nke kristi zuo oke n'ụwa*...

Ọ ga-adị mma iji okwu John dị Asọ kwuru were malite isi nke a, 'Mgbe Mmụọ nke eziokwu bịara, ọ ga-eduba ụnụ n'eziokwu niile. Ọ gaghị ekwu n'ike aka ya, ma ọ ga-

CHAPTER TWO

THE ROLES OF THE HOLY SPIRIT

...*the Holy Spirit... to complete his work on earth*...

It will be more proper to begin this chapter with these words of St. John,

ekwu ihe niile Ọ nụrụ, kọkwaara ụnụ ihe gaje ịbịa...' Jn.16:13.

Ọ dị mkpa ịmata na ọ dịrịrị mkpa Mmụọ Nsọ ịbịa were rụrụ ọrụ Kristi gawa n'ihu. N'okwu ya, Kristi n'onwe ya kwuru sị:

Kaosiladị, ana m agwa unu eziokwu; Ọ bụ maka ọdịmma nke ụnụ ka m ga-eji ala, n'ihi na ọ bụrụ na m alaghị, onye nkasiobi ahụ agaghị abịakwute ụnụ. Jn. 16:7.

Site n'ihe a Jesu kwuru, anyị ga-ajụzi, keduga ihe bụ ọrụ Mmụọ Nsọ? Ọ dị mkpa na o nwere ọrụ Mmụọ Nsọ kwesiri ịrụ n'obi ndị mmadụ ahụ Jesu, pesin nke abụọ gbapụtarala na njọ, na n'ime ụwa a zọpụtarala site n'ike nke ọchịchịrị nọ. Ọ dịrịrị mkpa ime nke a makana, bụrụgodu na ndụ nke ụwa a, onye bịara abịa bc gị nwere ihe e zitere ya

'However, when the Spirit of truth comes, he will lead you to the complete truth…' Jn. 16:13.

It is good to note that it is necessary that the Holy Spirit comes to continue the work of Christ. In his words, Christ himself said:

…it is for your own good that I am going, because unless I go, the Paraclate will not come to you; but if I go I will send him to you Jn.16:7.

From these words of Christ, we can now ask, "what are the roles of the Holy Spirit"? It is necessary that there be some specific works that the Holy Spirit must perform in those souls that Christ, the Second Person of The Triune God has redeemed, and from this world that has been saved from darkness. This is worthy of note because,

ka ọ bịa mee. O nwere ike burụ na onye, maọbụ ndị e zigaara ozi nụrụ kepu kepu na onye ozi dị aghaa ga-abịa, nke kwesiri ime ka onye, maọbụ ndị ahụ bido kwadowe, maọbụ, o pekazie mpe, nọdụ anọdụ. *O nwekwara onye ozi ga-abịakwute ha, ọbịbịa onye ozi ahụ abụụrụ ha na ntụmadị.* Mana ma e tere ụgba e tere ogiri, ma ndị a na-ewetara ozi ha maara ma ha amaghị, ihe dị mkpa bụ inweta ndị ahụ ma ya bụ onye ozi bịa.

Nke anyị kwurula bụ maka ụdị onye ọbịa ọ bụla. Mana nke a ekwesighị ịbụ maka ndị ọbịa niile, makana a hụ ka onye ha, a tanyere ya nkwụ. Onye ọbịa nnọchite ọnọdụ gọọment, ụka, otu ọchịchị dị iche iche were gawa kwesiri ka a maara ndị ọ ga-abịakwute ọkwa maka ọbịbịa ya, ndị kwesiri ịdị njikere, chere echere, were nabata

even in this world, a visitor in your house has reason for his visit. It is possible that the person or the people to whom a person is sent overhears that a specific person is due to visit, which will make the person or the people whom such a person will visit to get ready for the visitor. Again, there is the possibility of a person or a group of persons to have a sudden visitor. But whichever way, in all intents and purposes, whether the people know about the visitor or they do not know, the most important thing is for the visitor to see the people when he comes.

What we have said is about any type of visitor. But this should not be said for all types of visitor. There is always an announcement that precedes the visit of an ambassador of the government, church, or any political representative etc.

ya.

Ogo nke Mmụọ Nsọ ịbịa, bụ ogo nke ikenga. Ogo nke e jechaa, ọ gwụ, bụ ọbịbịa Mmụọ Nsọ n'ime ụwa ya. Nke a pụtara na ihe kacha ihe niile ga-eme, ọbịa kacha ọbịa niile ga-abịa; di nwe ụlọ, uju nke ndụ, na onye kere ụwa ga-abịa ileta ụwa. E nwere ike tụnyere nke a, onye nyere onye ọrụngo ego ka ọ zụtara ya ala, kọọrọ ya ọrụ. Ụbọchị onye ahụ ọ zụtaara ala ga-abịa, onye ọrụngo ahụ na-akpachapụcha anya n'ihe niile metụtara ozi ọrụ ahụ e ziri ya were njikere chere nna ya ukwu, ka ihe ya were masị nna ya ukwu ahụ mgbe ọ bịara n'ihi na ọ rụrụ ọrụ ya nke ọma.

Tupu ọbịbịa nke Mmụọ Nsọ, Jesu ji aka ya maara ndị nke ya ọkwa, ka ha were dị njikere. Ihe kpatara nke a bụ:

1. Jesu maara Mmụọ Nsọ, na etu ọ ga-adị ma a dịghị njikere mgbe Ọ bịara.

in order for the people to be made prepared to receive him.

But the coming of the Holy Spirit into the world is the highest of visits. And this implies that the greatest of things will happen. The highest of all visitors will come. The Landlord, the fullness of life, the maker of the world will come to visit the world. This can be compared to the visit of a person who gave out some money for a piece of land to be bought for him and consequently cultivated. The day that the person for whom that portion of land was bought will pay a visit, the contractor takes his time and settles everything that has to do with the land and gets ready for his master, so that his master will be very pleased with him when he comes.

Before the advent of the Holy Spirit, Jesus himself announced to his followers for them to get ready. The

2. Mmụọ Nsọ bụ Chukwu.

3. Mmụọ Nsọ dị mkpa maka onye ọ bụla.

4. Ka ọ hụ na e mere ihe niile ka ha dịchaa ọgọ.

Cheta na ka Jesu na-akwado ịbịa n'ụwa, John maara ya ọkwa, kwadoo ndị ya maka ọbịbịa ya. Ugbua, ọ bụ Jesu n'onwe ya na-ama ọkwa iji kwadowe ndị nke ya maka ọbịbịa ya bụ Mmụọ Nsọ. **Mgbe Mmụọ Nsọ bịara, ọ ga-eji ozi agamnihu dị iche iche were bịa.** Tupu ozi nke ahụ Mmụọ Nsọ ga-ezi eruo, a ga-ajụ kedu ka anyị ga-esi kwadowe maka ịnabata ya bụ Mmụọ Nsọ, bụ onye nke Chukwu Nwa maara anyị ọkwa na ọ ga-abịa mgbe adịghị anya.

Kedu nkwadowe anyị ga-akwadowe ka o were bụrụ na anyị nabatara Mmụọ

reasons for this are:

1. Jesus knew the Holy Spirit and how it will be if he was not waited for in readiness.
2. The Holy Spirit is God (not man).
3. The Holy Spirit is necessary for everyone.
4. To see that everything is made to be decent and organized.

Remember that when Jesus was to come into the world, John was his forerunner, who made his people get ready for his coming. Now, it is the same Jesus himself who makes the announcement for his people to be ready for the coming of the Holy Spirit. **When the Holy Spirit comes, he will come with different types of progress message.** Before the message of that Holy Spirit, the question that will be asked is how prepared are we to receive that Holy

Nsọ nke ọma?

Ọrụ nke Chukwu Nwa oge ọ nọ n'ụwa nwere njedewe. Ọ rụrụ ọrụ ya niile naanị ihe dịka afọ atọ tupu ọ hapụ ụwa. Mana ọrụ nke Person nke atọ, nke a bụ onye Nkasiobi O kwere anyị na nkwa tupu Ọ hapụ ụwa anyị a enweghi ọgwụgwụ. Ọrụ ya ga-adịgide ruo n'isi njedewe nke ụwa, were onyinye ya dị iche iche na-egụzogide ọrụ nke Jesu rụrụ n'ụwa. Ma ọ bụghị naanị nke a, ọ na-aga n'ihu ikesara ụmụ mmadụ onyinye ya ga, ka ha were kwụsie ike n'ọnọdụ ndị kwerenu. Onyinye asaa a kpọrọ aha n'akwụkwọ katkiizim, nke Mmụọ nsọ na-enye ndị e doro ike n'okwukwe bụ Amamihe, Nghọta, Alo, Ike, Ọmụma, Obi dị asọ na ịtụ egwu Chukwu. Ihe ndị a bụ onyinye ndị na-eso ndị niile e doro ike n'okwukwe. Ọ bụkwa ha na-eme ka onye otu Kristi, na-azọbasị ala mgbe ọ na-amapụ ụkwụ ime ihe nke Chineke. Mana,

Spirit, whom God the Son announced that will come soon?

How should we be prepared to see that we receive the Holy Spirit as we should?

The works of God the son when he was in the world is not without end. He did everything he should do just for three years. But the work of this Third Person of the Holy Trinity, whom he promised us before he left this world is without end. He uses his gifts to fortify the works that Jesus did. But that is not all. He goes on to distribute his gifts to the people on earth so that they can remain firm in their faith. The seven gifts mentioned in Catechism book, which the Holy Spirit gives to those who were confirmed in the faith are Wisdom, Understanding, Counsel, Fortitude, Knowledge, Piety and the Fear of the Lord. These are the gifts that are infused into the souls of those confirmed

makana obi na-ajụ ọtụtụ ndị otu Kristi oyi ime omume ka ndị ike nke Chineke zuuru, ndụmọdụ Paul dị Asọ dụrụ Timothy ga-adịkwa ire n'ebe a:

Ya mere, ana m echetara gị ka i mee ka onyinye nke Chineke nyere gi mgbe m bikwasịrị gị aka m abụọ, na-enwu ka ọkụ. Chineke enyeghi anyị mmụọ nke ụjọ, kama mmụọ nke ike, nke ịhụnaanya na nke ịkwanyere onwe anyị ugwu. II Timothy 1:6-7

Ọ bụ eziokwu na ọ bụ naanị onyinye asaa ndị anyị kpọrọ aha ka ụka na-ekwukari maka ha, mana anyị maara na n'elu ekwunri, o nwere ihe ndị ọzọ na-adị ya ma e wepu efere na iko, na mmiri na-ebu ụzọ agba anyị n'uche. N'otu ekwu ahụ, e nwere ike inwe eku ukwu, na eku

in the faith. And these are the gifts that makes a Christian bold when carrying out the will of God. But because many Christians are fainthearted when carrying out the will of God, represented by Timothy, St. Pauls advises us thus:

That is why I am reminding you now to fan into a flame the gift of God that you possess through the laying on of my hands. God did not give us a spirit of timidity, but the spirit of power and love and self-control. II Tim. 1: 6-7

It is true that it is only the seven gifts mentioned here that the Church speaks much about, but we all know that on a dining table, there are always more items besides plates, cups and cutleries, which are the things that are

nta, ihe nnu, ihe ose, nkọbọ, nri na ngacha eze. Etu ahụkwa onyinye nke Mmụọ Nsọ ebuka, ma dịkwa n'ụdị n'ụdị. N'ime otu n'ime akwụkwọ o degaara ndị Kọrinth, Paul dere sị na:

Otu Mmụọ Nsọ ahụ na-enye otu onye okwukwe siri ike, nyekwa onye ọzọ ike ịgwọ ndị ọrịa. Ọ na-enyekwa onyeọzọ ike ibu amụma, nyekwa onyeọzọ ike ịtụle mmụọ dị icheiche. Ọ na-enye otu onye ike ịsụ asụsụ dị icheiche. Ọ na-enye onye ọbụla dịka o si chọọ. N'ihina dịka ahụ anyị si dị otu, ma nweekwa ọtụtụ akụkụ dị icheiche, ma akụkụ ahụ niile, ọ bụ ezie na ha dị ọtụtụ, ha bụ otu. Otu a ka ọ dị n'ime Kristi. I Kọr. 12:9:12.

A naghị ama uru nkịrịnka

always topmost in the mind of the hungry person. On the same table, there may be dishing spoons, salt container, pepper container, toothpicks and, yes, the food itself. In the same way there are many gifts of the Holy Spirit, which are also numerous. In one of his books to the Corinthians, Paul explains that:

To one is given from the spirit the gift of utterance expressing wisdom; to another the gift of utterance expressing knowledge, in accordance worth the same spirit; to another, faith, from the same spirit; to another, the working of miracles; to another, prophecy; to another, the power of distinguishing spirits; to one, the gift of different tongues and to another, the interpretation of

nkata bara ruo ụbọchị a ga-ebupu ajikwu, makana mmadụ amaghị ka ihe o nwere ha, ọ gaghị emeli ihe o kwesiri ime. Ọtụtụ ndị otu Kristi amaghị onyinye nke Chineke nyere ha. Ọtụtụ anaghị aghọta, nke ha na-achọpụta ruo mgbe ha bichara ndụ nke ụwa a. Ya mere ọtụtụ ahịhịa ji adịgide n'ime ụfọdụ ugbo ka a ga-asị na mmadụ enweghi ha.

Otu n'ime okpotokpo ọrụ Mmụọ Nsọ, dịka anyị siri hụ n'isi okwu isi nke abụọ a bụ **ime ka ọrụ Kristi zuo oke n'ụwa.** Nke a ọ bụghị ụzọ ọzọ e nwere ike isi kwu na Mmụọ Nsọ duputara Kristi ka ọ na-achọ ibido ọrụ ya n'ụwa, tinye uche n'ọrụ Kristi mgbe Kristi nọ n'ọrụ ya, ma hụ na ọrụ ya dịịrị gawa, ọ bụladị ka Kristi hapụchara ụwa? I ji mee ka nke a doo anya, ọrụ mgbapụta ụwa bidoro site

tongues. But at work in all these is one and the same Spirit, distributing them at will to each individual. 1 Cor. 12: 9-12

A person only knows the worth of a thing when it is lost. Again, if a person does not know the worth of what he has he will under use it. Many Christians do not know the worth of the gifts that God gave to them. Many do not understand, nor do they find out until their life in this world is far spent.

One of the many outstanding works of the Holy Spirit, as we see in the heading of this second chapter, **is to complete the works of Christ on earth.** Is this not a way of saying that the Holy Spirit led Christ out when he was about to begin his ministry, and mindful of the work of Christ when Christ was doing his work, and that he

na nkwa na ọrụ nke Mmụọ Nsọ, ọ kwadoweere ya ebe obibi, mee ka Maria tụrụ ime site n'ike nke Ya. (Matt. 1:20). Tupu Mmụọ Nsọ etinyeri aka n'ịkwado maka ọbịbịa Jesu, Chineke eburularị ụzọ were ike nke ya bụ Mmụọ Nsọ, hiwe onye ga-akwado maka ya bụ Chukwu Nwa. Ya bụ ka ọ na-ekwu maka ya bụ onye, John onye ome mmirichukwu, sịrị na "Ọ gaghị añụ mmanya ọ bụla maọbụ ọñụñụ ọ bụla na-egbu egbu. Ọ ga-ejuputakwa na Mmụọ nsọ" (Lk. 1:15). Ma ọ bụghị naanị na O hiwere ọmụmụ John, kama ka a mụpụtara ya, Ọ gọrọ ya site n'inye ya ike, ezi nkwado niile na ozuzuoke pụrụ iche, iji kwadoro Dinwenu ụzọ n'ụzọ enweghi ọnụokwukwu.

Ka ọ malitechara ọrụ ya, ya bụ Kristi gbara akaebe

proceeded to see that his work continued, even when Christ had departed this world? To make this clearer, it should be noted that God started the work of redemption which began with the promise of the Holy Spirit that prepared a dwelling place for him and made Mary conceive through the power of the Holy Spirit (Matt. 1:20). Even before the Holy Spirit assisted in the coming of Jesus, God had only used the power of that Holy Spirit to lay the foundation for the coming of that God the Son. And so, when John de Baptist, the forerunner of Christ, was being talked about, it was said that, "...even from his mother's womb he will be filled with the Holy Spirit... (Lk. 1:15). And it is not only that He laid the foundation for the birth of John de Baptist, but after his birth, he consecrated him with

na ndụ ya mgbe o kwuru na Mmụọ Nsọ eteela ya ude dị asọ nke ga-eme ya ka ọ zọpụ njem ọrụ mgbapụta (Lk. 4: 18-19). Kaosiladị, o ziri ezi ịsị na ihe a e deputara maka Jesu maka nchịkọta ihe ọ bịara ime n'ụwa, makana o nwere ihe ọzọ o mere, egosighi onwe ya n'ime ya mana ọ dị ka a hụrụ n'ime edemede ahụ. O nwere ike bụrụ mkpọmaka maọbụ ndehie. Mana ihe kasị mkpa bụ nhiwe na nnọnyere nke Mmụọ Nsọ nọnyeere Jesu tupu o bido ọrụ ya, ka Ọ na-arụ ọrụ ya, na ka Ọ rụchara ọrụ ya.

Ọ bụrụ na Mmụọ Nsọ kwadoro ọmụmụ nke Chukwu Nwa, dịnyere ya mgbe a mụrụ ya, kedu ka ọ gaghị esi nọnyere anyị onwe anyị bụkwa umụ nke Chukwu? Jesu kwuru sị, "Ọ bụrụ na ụnụ bụ ndị ọjọọ maara otu e si enye ụmụ

strength, perfectly fortified him so as to make him prepare the way of Christ in unspeakable way.

As soon as he started his work, Christ bore witness to his life when he said that the Holy Spirit has anointed him to begin his work of redemption (cf. Lk. 4:18-19). However, it is possible to argue that this does not say everything about what Christ did in the world, because there were other things he did that were not all said in that passage. It may be an addition or error. But the most important thing is the support and the assistance that the Holy Spirit gave to Jesus before he began his ministry, when he has started his ministry, and when he has finished his ministry.

If the Holy Spirit that prepared for the birth of God the Son, was with God the Son when he was born, how wouldn't He dwell with us who are the

ụnụ onyinye dị mma, Nna ụnụ nke bi n'igwe, aghaghị inye ha Mmụọ Nsọ bụ ndị niile na-arịọ ya!" Lk. 11:13

Ihe anyị ga-agba mbọ ime bụ iwelite okwukwe anyị, etu anyị si aghọta Mmụọ Nsọ na ihe anyị chọrọ site na Mmụọ Nsọ. O doro anyị anya na ọchịchọ nke obi anyị dị ga iche iche, etu ụdịdị anyị si dị ga. Onye ọ bụla bụ onye Chineke kere nwere ihe nke Mmụọ Nsọ. Onye ọ bụla bụ nwa nke Chineke nwere mmetụta nke Mmụọ Nsọ. E were ya gawa, a ga-etinye ya etu a n'ụzọ onye ọ bụla maara, na onye ọ bụla nke e merela mmirichukwu, adịla ka onye a banyere abanye n'ime Mmụọ Nsọ, fọdụzie mgbe ọ natara sakrament nke ido ike n'okwukwe. Na ọ na-adị anyị ka Mmụọ Nsọ Ọ na-agbara anyị ọsọ, maọbụ na Mmụọ Nsọ anọnyeghiri anyị, sị elu anyị si ebuli

present children of God? Jesus said, **"If you then, evil as you are know how to give your children what is good, how much more will your heavenly Father give the Holy Spirit to those who ask him!" Lk. 11:13**

The only thing we must do is to make effort to make our faith stronger as to understand the Holy Spirit and know what we want from the Holy Spirit. It is clear that the longings of our hearts vary, just as we are different. But every person has the light of the Holy Spirit. Every child of God has the touch of the Holy Spirit. Any person that has been baptized has been soaked in the Holy spirit, left alone when that person has received confirmation with the Holy Spirit. That the Holy Spirit seems to be far away from us, or that the Holy Spirit does not seem to be in us, depends on how we carry ourselves. It depends

maọbụ ebuda onwe anyị.

Ka **Catechism nk'Okwukwe Nzuko Catholic n'Asụsụ Igbo (215)** jụrụ ma o nwere ka anyị na-ajụ grasịa nke Chukwu? O ji olu Akwụkwọ Ọrụ ndị Ozi were zakwa sị: "Eye anyị na-ajụazị gratịa nke Chukwu ugbolo ugbolo dị ka Akwụkwọ dị asọ sị kwu sị: "unu n'ajụka nọọ Mmụọ-nsọ mgbencha (Ọrụ Ndị ozi. VIII, 51). N'ime ihe ndeputa a, anyị ga-ahụ na onye ọ bụla nwere Mmụọ Nsọ. Naanị na ọtụtụ na-ajụ ya bụ Mmụọ Nsọ site n'ụzọ dị iche iche. Ụfọdụ na-ajụ ya site n'amaghị ihe ha na-eme. Maka ndị dị etu a, Jesu arịọlari nna ya arịrịọ sị, "Nna gbaghara ha n'ihi na ha amaghị ihe ha na-eme" (Lk. 23:34). Ụfọdụ na-ajụ ya site n'oke ọchịchọ, asị na aghụghọ. Akwụkwọ Nsọ ji Ananịas na nwunye ya Saphira zi anyị nke a, nakwa adọ anyị aka na ntị. Anyị ekwuolari na Jesu mara ka

on our pride or our humility.

"...how deaf you are to Gods message! You are just like your ancestors: you too has always resisted Holy Spirit." (Acts 7:51) from the above we can see that every person has the Holy Spirit. The only difference is that many reject the Holy Spirit through various ways. Some reject it because they do not know what they are doing. For this type of people, Christ has asked His Father saying, "Father, forgive them; they do not know what they are doing Lk. 23:34. Some reject him because of avarice, falsehood and hypocrisy. The Holy Bible uses Ananias and his wife Saphira to show us this, and also warns us. We have already said that Jesus condemned all those who blasphemed against God Mk. 3:28-30. Here, it is worthy of note that it is

ha ha ikpe, bụ ndị na-ekwutọ Chukwu (Mk. 3:28-30). N'ebe a, ọ dị mkpa ime ka anyị mata na ọ bụghị naanị ndị Pharisee ka abụmọnụ Jesu dịịrị, kama ọ dịkwaara ndị niile agwa ndị Pharisee na-apụta n'ime ha, ọ bụghịkwa naanị maka mmehie nke nkwutọ, kamakwa ụdị okwu ọ bụla anaghị arụgara abụm Chukwu n'ụdị ya niile aka, izu oke ya bụ Chineke, na okwu niile megidere, maọbụ na-emerụ ịdị asọ, maọbụ uju nke ịdị asọ nke Chukwu. Ihe ndị a niile na-egosi na onye ọ bụla nwere Mmụọ Nsọ, naanị na dịka mma si bụrụ ihe ọchụ, maọbụ ihe uru, mmadụ nwere ike ime ka Mmụọ Nsọ bụụrụ ya ihe ndafu maọbụ bụụrụ ya mbe nke nnapụga.

N'ụzọ oziọma pụrụ iche, maọbụkwa ihe na-enye obi uju obi añụrị na nchekwuwe, Jesu weputara akụkụ ọzọ nke Mmụọ Nsọ.

not only the Pharisees that will receive the curse of Jesus, rather the curse is there also for all who show any traits of Phariseeism in them, and it is not just for the sin of blasphemy, but also every type of utterance that is against God in all his majesty, all his form, his perfection as God; and all the words that is against the holiness, or the fullness of the holiness of God. All these things show that everyone has the Holy Spirit, only that just as the knife is an instrument of murder or of gain, a person can make the Holy Spirit to be a thing of damnation for him or a thing of redemption.

In form of another way of evangelizing, or what can be said to gladden the heart and gives hope, Jesus gave another side of the Holy Spirit. In St. John's gospel chapters 14, 15, and 16, Jesus continued to

N'Oziọma John 14, 15, na 16, Jesu kwuru na Mmụọ Nsọ bụ "onye ntasiobi ọzọ", "onye okike", "onye enyemaka" ga-abịa oge Ya onwe Ya ga-esi n'etiti ụmụazụ ya pụọ. O kwere nke a ka nkwa. N'ezie, nkwa nke aghaghị imezu emezu; nkwa nke mezuru emezu oge ọ rọgọọrọ n'eluigwe nọrọ n'aka nrị Nna. Onye nkasiobi a bụ Mmụọ nsọ ga-adị ire nke na ọ ga-ewepu egwu n'ime ndụ ndị ụmụazụ, tinye ịdị ike n'ime adịghị ike, ịkwụsi ike n'ime ịsọ ngọngọ, were ozuzuoke wụkwasị ha, ma mee ha, ọ bụghị naanị ịhụ eziokwu, kamakwa ịmata eziokwu na ịbụ ndị nchekwawa ya bụ eziokwu. Naanị ihe ga-enyere ha aka, ga-abara ha uru, bụ Mmụọ Nsọ ga-eme ka ha na-ezute eziokwu. Ihe ga-eme ka anyị mata na Mmụọ Nsọ ga-abịakwute ụmụazụ abụghị naanị ihe e ji atụnyere ihe, kama ọ ga-

emphasise that the Holy Spirit is "another advocate", "a creator" "a helper" that will come when he has gone from among his disciples. He made this as a promise. Indeed, the promise that will not fail to be fulfilled; a promise that God fulfilled when he has ascended into heaven and stayed at the right hand of God the Father. This Holy Spirit, that is the comforter, will be active to the extent that He will remove fear from the lives of the apostles, fortify their efforts, strengthen them from lukewarmness, cloth them with perfection, and make them, not only to see the truth, but to know the truth and be the custodians of that truth. The only thing that will help them and that will be beneficial to them, is the Holy Spirit that will make them to encounter the truth. That the Holy Spirit will descend on the apostles

abụ onye, dịka mmadụ, ga-
edu ha na-aga; onye ga-
enyere ha aka, onye ga-
esoro ha na-eme ihe bara
uru.

Ka Jesu sicha n'ọnwụ bilie,
ọ kachasị ozigbo tupu ọ
lọgoro n'eluigwe, o nyere
ụmụazụ ya Mmụọ Nsọ nke
ga-edu ha n'ọrụ ya; ọ kacha
n'ọrụ Sakrament ọ hanyere
ha n'aka. Mana,
n'agbanyeghi na ike nke
onyinye a dị ndụ, dị ire
n'ime ụmụazụ, ọ bụghị ndị
niile na-eso ụzọ ya nwetara
ya. N'ezie, ọ bụghị ha niile
natara uju nke Mmụọ Nsọ o
kwere ha na nkwa, makana
nke o kwere ha na nkwa, bụ
nke ga-abịa mgbe ọ
hapụchara ụwa. Ya mere
tupu ọ rọgoro eluigwe, ọ
gwara ha ka ha gaa nọdụ na
Galili. Nke ahụ ka ha mere
were ruo mgbe Mmụọ Nsọ
bịara na Pentikọst.

is not a thing of comparism.
But that He will, like a man,
take them along; be their
assistance, and be beneficial
to the Apostles.

After Jesus had risen from
the dead, especially
immediately before he
ascended into heaven, he
sent the Holy Spirit that will
guide them in his work;
especially in the sacramental
work he bequeathed to
them. Though the power of
this gift is alive, and active
in the disciples, it is not all
his followers that received
him. Indeed it is not all of
them that received the
fullness of the promised
Holy Spirit because, the one
he promised them is the one
that will come when he has
left this world. And that is
why before he ascended into
heaven, he told them to go
and remain in Galilee. This
they did and remained there
until on the Pentecost day
when the Holy Spirit
descended on them.

ISI NKE ATỌ

IHE OMIMI BỤ CHUKWU MMỤỌ NSỌ

Ifufe na-efe ebe ọ bụla ọ sọrọ ya. Ị na-anụ mkpọtụ ya, ma Ị maghị ebe o si abịa na ebe ọ na-aga. Otu a ka ọ dị onye ọbụla a mụrụ site na Mụọ Nsọ. Jn. 3:8.

Otu n'ime ihe na-alafu anyị bụ na anyị na-eji echiche mmadụ eche maka Chukwu, were nghọta mmadụ na-elegara Chineke anya, n'agbanyeghi na dịka mmadụ nkịtị, anyị bụ naanị ntụ. Mana anyị chebaara ya echiche ime, anyị ga-echepụta na ọ bụrụgodu onye rụrụ otu narị afọ, Chineke kwesiri ịkari ya n'okenye, kwesiri ịka ya mara ihe. Ọ bụladị n'agba ochie, Chineke gosiri na ya

CHAPTER THREE

THE MYSTERY THAT IS THE HOLY SPIRIT

The wind blows where it pleases; you can hear its sound, but you cannot tell where it comes from or where it is going. So is everyone that is born of the Spirit. Jn. 3:8

One of the things that mislead us is that we think about God the way we think about man, and use the understanding we have about man to equiperate God, despite the fact that as ordinary man, we are nothing but mere ashes. But when we have a deep thought about it, we have to understand that God is older, superior, and wiser than a person who is even up to a hundred years of age. Even in the Old

bụ Nna nke mmadụ niile. Ya mere na ka Gideon hụrụ onye ọzi nke Chineke zutere ha n'ihu ọgụ, o chere na ọ bụ onye ozi bịara inyere ha bụ ụmụ Chineke nke Izrel aka, mana Chineke sị n'ọnọdụ Gideon na Mmụọma ahụ kọwaa na ya abụghị naanị Chineke nke ndị che na ọ bụ naanị ha bụ ụmụ nke Chineke. (Josh. 5:13).

Chineke abụghị naanị Chineke nke mmadụ. Nke a pụtara na ịhụnanya ya enweghi mgbo n'onwe ya, nke ọ na-enwe mgbo n'ebe anyị nọ. Mgbe Chineke kechara ụwa, Ọ hụrụ na ihe niile o kere dịcha mma (Gen. 1:4 dgz). Chineke hụrụ ihe niile na-eku ume n'anya (Gen. 1:25), hụ ndị anaghị eku ume n'anya.

Ọ hụrụ ihe niile a na-ahụ anya n'anya; hụ ndị a naghị ahụ anya n'anya n'otu nhatanha. Na akwụkwọ nke Job, o gosiri, ọ bụladị ekwensu na ya onwe ya bụ

Testament, God showed that he is the father of all peoples. And that is why when Gideon saw the servant of God that came to visit them in the warfront, he thought that it was a servant of God that came to help the Jews only, but God through the condition of Gideon and that of the angel, explained that he is not only the God of those who think that he is only their God (Josh. 5:13).

God is not God for man only. His love is limitless to himself and limitless to us. When God has finished creating the world, he saw that everything he created was good (Gen. 1:4 etc.). God loves every breathing thing alike (Job 2:1-2).

He loves every visible thing, and the invisible things with an equal measure of love. In the book of Job, he showed even the devil that he

xliii

Chineke, ejighi makana ọ bụ ekwensu bụ ajọ onye nupuuru ya isi, hapụ iwere ya ka nwa. Chineke achụpụghị ekwensu na nzukọ nke o so ndị mmadụ bịa mgbe Chineke kpọrọ ha (Job 2:1-2). Ya mere na echiche mmadụ n'ebe ndị iro ha niile nọ, dịka o si dị n'ebe ndị enyi ha nọ kwesiri ịbụ echiche nke udo, echiche nke ịhụnanya.

Ajụjụ dịịrị ụfọdụ ndị otu Kristi bụ, onye nyere ha ike na ikike iji Mmụọ nsọ were bọ ụgwọ ihe ọjọọ onye maọbụ ndị ọzọ mere ha? N'aka nke ọzọ, ọ bụ ezie na dịka ụmụ Chineke, nna anyị bụ Chukwu enyela anyị ikike ịkpọku aha ya, na iji aha Nsọ ya mee ihe etu dị iche iche maka ọ dị mma nke anyị, mana echeghi m na ikike a bụ nke iji ya bụ aha ya na-eme ihe ka ọ bụ naanị Mmụọ Nsọ nke mbibi, **Mụọ Nsọ...: Ọkụ!**

himself being God, does not because of satan's disobedience, stop taking him as a son. God did not chase away the devil who came along with people when God called them (Gen. 1:25). And that is why man's thought towards his enemies should be that of peace and love.

The question that hangs on the Christian like the sword of Democles should be, who gave them power and authority to use the Holy Spirit as an instrument of revenge for evil or the perceived wrong that others did to them? On the other hand, it is true that as the children of God, our Father, God, has given us the authority to call on his name, and to use his Holy Name to do many things for our own good, but I do not suppose that this authority should be for revenge as if he is only the Spirit of destruction, in its

Maọbụkwanụ n'uju ụtọ ya, **"Holy Ghost...: Fire!"**. Mana oge ugbua, nke a buzi ikike ụfọdụ ndị otu Kristi ji aka ha were n'onwe ha iji na-achụ ekwensu, onye iro ha.

Ezeanị (2014:15), na-akọwa na:

O siri ezigbo ike mmadụ ime ka onye naanị ebumnobi ya bụ ka ihe siere ya ike na ndụ, ọ bụrụgodu isi n'ụzọ otu nzuzo mesie ya ike na-emekọ. Mana ebe a ka ya bụ nsogbu dị; iji Holy Ghost fire luso ndị dị etu ahụ ọgụ ọbụbọ dike na ibe ya. Holy Ghost Fire abụrụla atọmiik bọmb na ngwaagha zuru oke n'agha a.

Egwu dị na ya bụ na ụfọdụ ji ya agba mmadụ ibe ha egbe ọnụ nwere mgbọ nke ajọ obi mgbe ha na-akọ

full sweetness, **"Holy Ghost... Fire!"**. But these days, this is the authority that some Christians have claimed when they are driving out the devil. Some Christians now take it as an oral missile with which they attack their enemies.

Ezeani (2014:15) explains that:

It is very difficult to continue to reckon with someone whose only agenda is to make life difficult for us even to the extent of using occultic means. but here lies the danger; to fight headlong in a vindictive way against such people through the use of the holy ghost fire. The holy ghost fire has become the adequate missile and atomic bomb in this warfare.

They use it as an arsenal when they use such words

ọnụ site n'ikwu ihe dịka:

Ọkụ   Mmụọ   Nsọ
gbakwaa   gị!,
"Holy Ghost...: Fire!"

"Ọkụ   Mmụọ   Nsọ
Gbakwaa gị!"
"Holy Ghost...: Fire!"

"Ọkụ   Mmụọ   Nsọ
Gbakwaa gị!"
"Holy Ghost...: Fire!"

"Ka ha ra bụ ndị niile rọrọ
m anya.
Holy Ghost...: Fire!"

"Ka ha ra bụ ndị niile
achọghị agamnihu m.
Holy Ghost...: Fire!"

"Ka ha ra bụ amusu
mmụọ na amusu mmadụ
na-enye m nsogbu.
Holy Ghost...: Fire!"

N'ebe onye ọ bụla nwere
ike ịhụ ihe e dere, otu
nwoke dere sị, 'ya dịrị Gị
ka i si chere m'. Nke a bụ
maka ndị niile anaghị ebi
ndụ ịhụnanya dịka Kristi
siri kụziri anyị, na-arịọ

as

"May the Fire of the
Holy Ghost burn you!
Holy Ghost...: Fire!

"May the fire of the Holy
Ghost burn you!
Holy Ghost....: Fire!"

"Ọkụ   Mmụọ   Nsọ
Gbakwaa gị!
Holy Ghost...: Fire!"

"For all those who envy
me!
Holy Ghost...: Fire!"

"For all who do not want
my progress,
Holy Ghost...: Fire!"

"For the human witches
and wizards that disturb
me at night!
Holy Ghost.....: Fire!"

Where every person could
see the inscription, a man
wrote, "May you experience
what you wish for me!".
And so it means that all
those who do not live as
Christ taught us is asking for

xlvi

ọbụbọ nke Mmụọ Nsọ n'isi onwe ha site n'ụdị ekpere a. Ka m chetachara okwu ahụ kwuru na Chineke achọghị ọnwụ onye njọ, kama ka onye njọ chegharịa site na mmehie ya, e chetakwara m ilu Igbo nke sị egbe bere, ugo bere nke sị ibe ya ebela, ya gosi ya ebe ọ ga-ebe. Ya mere na ikpe ahụ mara onye mmadụ gọọrọ ọfọ Holy Ghost fire, nwekwara ike ịma onye ahụ gọọrọ onye ọzọ ọfọ Holy Ghost fire, n'ihi na "Dinwenu bụ Nnaukwu nke mmadụ niile". **N'ihi ya, echere m na ndị Ọkụ Mmụọ Nsọ ga-agba bụ ndị chọrọ ka ọ gbaa ndị ọzọ, ọ kachasị ndị anaghị akwụwa aka ọtọ.**

N'ihi na o nweghi onye dị ọcha n'ihu Chineke, ana m eche na ọ bụrụ na ọkụ Mmụọ Nsọ ga-agba, o nwere ike, a kpachaghị

the revenge of the Holy Spirit on their behalf with this type of prayer. After thinking about the prayer which says that God does not wish the death of the wicked man, rather let him repent from his evil ways and live, I remember also the Igbo proverb which says, let the eagle perch and let the kite also perch, whichever that does not want the other to perch, let him show him where to perch. That means the judgement that is meant for whom the prayer Holy Ghost... Fire is directed should also be for the person who says the prayer for "God is the creator and Master of every man". What is good for the geese is also good for the gander. **For that, I think that those who will receive the burning fire of the Holy Ghost are especially those who are not upright, yet wish the fire of the Holy Ghost to consume others.**

Since there is no one who is

anya, ọ gbaa ma ndị na-akpọku ya ka ọ gbaa ndị ọzọ, si n'ụzọ dị etu ahụ bụrụ ọ bịara egbu m gbuo onwe ya nyere onye ahụ. Echefukwala na ka ndị a na-eji aha nke Chukwu na nkịtị na-ekwu ihe dị etu a, ka ha na-etikpo onye ya na ha na-akọ ọnụ mkpu, na-agbọ ya ụja, na-achị ya waka, ma na-achọkwa ịtukwu ya ọgụ n'otu aka ahụ. Ihe ndị dị etu ahụ aghọtaghị n'oge ha na-eme ihe dị etu a bụ na iwe nke ha na-akpasu Mmụọ Nsọ n'oge ahụ karịrị ihe ha chere bụ ihe ọjọọ onye maọbụ ndị ha na ha na-akọ ọnụ mere ha. Iji kọwa ya nke ọma, oge mmadụ ya na ibe ya na-akọ ọnụ, weere aha nke Chukwu na-abụ ibe ya ahụ ọnụ, onye ahụ si n'ụzọ dị ga etu a achọ Chukwu okwu n'ihi na:

1.   Ọ na-ewe aha nke

perfect before God, if the Holy Spirit begins to consume, perhaps, if care is not taken, it will also consume those who wish him to consume others; and by that it becomes suicidal to the request maker. Do not forget that while the person who is taking the name of God in vain with this prayer, depending on the situation, she may be shouting at her opponent, railing at him, saying God punish you, even wanting to fight him at the same time he is saying the Holy Ghost...: Fire! What such people do not understand is that the annoyance they are causing the Holy Spirit when they are doing those things is much more than what wrong they thought their opponent has done to them. To put it better, when the person who is exchanging words with another, abuses the other person with the name of God, that person is by that provoking God because:

Chukwu na nkịtị. Nke a bụ imerụ iwu nke Chukwu nke abụọ (Ọpụpụ 20:7). Ọzọkwa, ọ pụtara na onye ahụ anaghị ege ntị n'okwu Kristi kwuru sị, "... hụnụ ndịiro unu n'anya, na-ekpekwaranụ ndị na-emegbu ụnụ ekpere..." (Mat. 5:44).

2. Ọ na-egosi na Chineke na-akwado ya n'ịkọ ọnụ, maọbụ mba ọ na-aba site n'ịkpọku Chineke oge ọ na-eme ihe ahụ (ezighi ezi). N'ebe a, anyị kwesiri igbakwụnye ya na etu ahụ ka o siri bụrụ arụ, mmadụ ịkpọ mmadụ ibe ya amusu, ekwensu, agafu wdg. Nke a bụ ụzọ ọzọ e nwere ike iji sị na iji olu ike gwa mmadụ okwu maọbụ ịkọ ọnụ n'ụdị ọ bụla dị njọ, bụ njọ. Jesu gwara ụmụazụ ya sị, "Onye ọbụla kpariri nwanne ya ga-aza azịza n'ụlọ ikpe. Onye ọbụla kpọrọ nwanne ya 'onye nzuzu!' ga-aba

1. That person is taking the name of God in vain. This implies the violation of the name of God as it is in the second Commandment of God. Exodus 20:7. Again, the person does not heed the words of Christ which says, "…love your enemies and pray for those who persecute you… (Matt.5:44).

2. He implies that God supports him to abuse another person, or that God supports him to castigate another person while he is doing a wrong thing. It is not improper here to say that it is an abomination for a person to call another a witch, a devil, a renegade etc. This is another way by which it can be said that to use a harsh voice, or abusive words in any way that is bad, is a sin. Jesus said to his disciples, "But I say this to you, anyone who is angry with a brother will answer for it before the court; anyone who calls a

n'ọkụmmụọ". Mat. 5:22.

N'ihi ya, onye ga-abụ onye otu Kristi kwesiri ịbụ onye nwere obi Kristi, maọbụkwanụ onye nwere obi Kristi site na grasịa niile ọ na-anata site na Sakrament Kristi niile. Ọ bụghị etu ahụ, onye ahụ ka bụ mmadụ anya naara anya, eze naara eze, isi naara isi; ma ọ bụkwanụ omume ndị ọgọ mmụọ. Onye otu Kristi bụ onye na-achọ, ma kwesikwa ịbụ onye na-achọ ịdị mma ibe ya. N'ihi na mgbe onye ọgọmmụọ ga-anọ n'okwu arụsị na-asị egbe bere, ugo bere, nke sị ibe ya ebela nku kwaa ya, ka onye otu Kristi kwesiri ịnọ n'ọmaahịa na-ekpe ekpere ka onye iro ya chegharịa site na mmehie ya.

HOLY GHOST: FIRE!, abụghị etu Akwụkwọ nsọ siri tinye ya.

brother "Fool" will answer for it before the Sanhedrin; and anyone who calls him 'Traitor' will answer for it in hell fire". Matt. 5:22.

Because of this, a Christian should be one who has the mind of Christ, schooled with all the graces he has received from all the Sacraments of Christ. Otherwise, a person is still a person of an eye for an eye, a tooth for a tooth, and a head for a head. And this is the way of life of pagans. A Christian is a person who longs for others, and who should long for the good of others. For when the pagan will be by his altar praying let the kite perch and let the eagle perch, the one that does not allow the other to perch, let its wings *clip*, the Christian should be in the Church or in any decent place asking for the repentance of his enemies and those who are persecuting him.

1

Na mgbakasịahụ ya, Ezeanị (2014:15) jụrụ ajụjụ ọsịsa ya adịghị mkpa sị, "Mana chegodu maka nke a, ọ bụrụ na onye ọ bụla na-ekpe ụdị ekpere a bụrụkwa na Chineke na-aza ụdị ekpere a niile? Kedu onye ka ga-anọ ndụ".

Ihe Akwụkwọ nsọ nwere abụghị Mmụọ Nsọ: Ọkụ! (Holy Ghost: Fire!), kama *ihe nke Mmụọ Nsọ ma ọ bụkwanụ Mmụọ nke ihe*. Ihe dị iche n'ebe ọkụ dị. N'ezie, Ọkụ na-enye ihe, mana ihe enweghi ike ire ọkụ. Etu ọ dị n'olu Igbo ka ọ dị n'asụsụ bekee. Okwu ahụ bụ fire dị iche na nke bụ *light*. *Fire* bụ ọkụ, ebe *light* bụ ihe. *Mmụọ nsọ bụ ihe abụọ a n'ụdị dị iche iche. Mana o nweghi nke o ji egosi ike nke mbibi.*

Dịka ihe, Mmụọ Nsọ bụ ihe nke eziokwu, ihe ndị otu Kristi ji ahụ ụzọ na ihe

HOLY GHOST... FIRE, is not the way the Bible puts it.

To express his worries, Ezeani (2014:15) rhetorically asks, "But come to think about it, suppose everybody says this type of prayer and God answers all of such prayers? Who would remain still alive"?

What the Holy Bible has is not Holy Ghost...: Fire, but the light of the Holy Spirit or the Spirit of Light. Light is a concept that has many things that differentiates it from fire. Truely, fire gives light, but the light does not burn. As it is in Igbo Language so it is in English. The word fire is different from the word light. In Igbo, fire is ọkụ, but light is ihe. *Light kindles and fades. The light does not burn or harm. But it can dazzle if it becomes too bright. Because of its nature, it exposes hidden things and this explains why people, animals, reptiles, and insects that live in the dark disappear*

na-enyere mmadụ aka ịhazi ndụ site n'ịhụ ụzọ, eziokwu na ndụ. Onyinye asaa ọ na-enye ndị natara ya bụ Amamihe, Nghọta, Uche, Ike, Ọmụma, Obi dị asọ, na Egwu nke Chukwu. Paul dị Asọ tinyekwuru sị, "Mana mkpụrụ nke mmụọ bụ: ịhụnanya, ọñụ, udo, ndidi, obiọma, ịdị mma, ikwesi ntụkwasịobi, ịdị nwayọọ na njikọta nke onwe; ọ dịghị iwu ọbụla megidere ihe ndị a."(Gal. 5:22-23).

Mmụọ Nsọ na-abụrụ ndị omume ha kwụ ọtọ mbe nke ndụ ebeebe. Mmụọ Nsọ kwesiri ịbụrụ ndị otu Kristi ihe nke eziokwu niile. O kwesri ịbụrụ ha ihe nke ha ji edo onwe ha ka ndị otu Kristi n'ihe niile, n'ụzọ ndụ ha niile n'ụwa a.

N'akụkụ nke ọzọ, ọkụ na-ere ere, na-enye ihe, na-enwu enwu na-anyụkwa anyụ. Ka ọ na-ere ọkụ, ka

when light appears. The light always overshadows darkness and in the manner of a crescendo, the thicker the darkness, the more the effect of the light. And that is why it is often said that light and darkness do not go together. The way that the light appears is the way it exposes things and reveals itself all the more. The Holy Spirit is light and fire in different respects.

As light, the Holy Ghost is a light of truth, the light that Christians use to see, and the light that helps people to organize their life by seeing the way, the truth and the life. The seven gifts that it gives to those who receive it are Wisdom, Understanding, Counsel, Fortitude, Knowledge, Piety and the Fear of the Lord. St. Paul also says that, "On the other hand the fruit of the spirit is love, joy, peace patience, kindness, goodness, trustfulness, gentleness and self-control; no law can touch such things as these". (Gal.

ọ na-enye ihe. Ka ihe si na ya achapụta, ka ihe ahụ na-agba ama, ka ihe na-enweta ya bụ ihe dị n'onwe ya. Mana ọhụhụ Mmụọ Nsọ hụrụ ọkụ nke Mmụọ Nsọ abụghị nke ịhụ ya dịka ọkụ nke mbibi. Ọ bụghị na Akwụkwọ Nsọ enweghi ndị irọ dị ka anyị si enwe, kama dịka Akwụkwọ Nsọ siri bụrụ ọnụ ahụ eziokwu si apụta, o mere ka anyị mara n'Akwụkwọ Ọrụ ndị ozi, na Mmụọ Nsọ zidakwasịrị ndị Apọstlụ n'ụdị ire ọkụ. Ọ dị mkpa ịmata na ọ dịghịkwazi ha ka ọkụ oge O zidakwasịrị ha n'ụdị ire ọkụ. (Acts 2:2). Ọ bụghị n'**ụdị** ọkụ (fire) ga-agbachapụ maọbụ repịa ụmụazụ, kama ọbịbịa ọ bịara n'ụdị ire ọkụ bụ ime ka:

a. Onye ọ bụla hụ ya; iji gosi na onye ọ bụla n'ime ha natara Mmụọ (Nsọ) nke

5:22-23).

The Holy Spirit is the fruit of everlasting life for the upright. It supposed to be source of all truth to every Christian. It supposed to be for them the light that helps them organize themselves as good Christians in all their ways of life in this world.

Besides, fire burns, it also gives light, (do we say rough light?). It kindles and dies too. It gives light while it burns its fire. Light does not give the heat that can be felt but any person can feel the heat of the fire. Depending on its source and strength, fire can be mild or deadly. But both the light and fire are subject to manipulations. The angels did not see the light of the Holy Spirit as the fire of destruction, but the fire of love. It is not that the Holy Bible is not filled with peoples' enemies as we have these days, rather like that mouth from which truth proceeds, we are made to

Chineke. Ya bụ onyinye nke Mmụọ Nsọ. *Ihe onye natara ka ibe ya natara.*

b. *Iji hụ ya bụ (ire) ọkụ dị ka ama nke ihe,* nke grasịa ime. N'ihi na ọ bụ etu ya bụ ọkụ si dị n'ụdị ha na-ahụ ya anya, ka o si ekpo mmụọ ha ọkụ n'ime obi, na-anụ ha ọkụ n'obi ime uche Chineke, ibidozi biwe ndụ ịgbasa ozịọma na ihụwa ụzọ ndụ nke ozịọma Jesu nabatara ha na ya.

Ndị otu Kristi niile kwesiri ịbụ ndị Mmụọ nke Chineke ga na-ekpo ọkụ n'obi ha oge niile. Mmụọ nke ahụ bụ ire Mmụọ Nsọ kwesiri ịdị n'ime ha. Onye otu Kristi kwesiri ịbụ onye ji Mmụọ Nsọ hiwe isi n'ihe niile. Mmụọ Nsọ nke ha natara kwesiri ịbụ nke ike

know from the Acts of The Apostles that the Holy Spirit descended on the Apostles in form of tongues of fire. It is worthy of note that he came down on the apostles not like the consuming fire. He came down on them like tongues of fire (Acts 2:2). It is not in form of wild fire that will consume the apostles, rather its coming in form of tongue of fire is to make:

a. Every person see that each and everyone of them received the (Holy) Spirit of God. That is the gift of the Holy Spirit. Each person received what the other received.

b. To see those (tongues of) fire as a sign of light, of inward grace. The way the light is as they were seeing it, is the way it makes their hearts warm, and vivifies them to carry out the will of God, to begin to live the life of spreading the gospel and to see the way of the life of the gospel that Jesus had initiated them into.

Christians suppose to be a

na eziokwu. Onye ọ bụla enweghi ihe niile onye otu Kristi kwesiri inwe n'ụdị onye a mụworo amụwo, enweghi Mmụọ Nsọ n'ime ya.

people that are kept warm always by the Spirit of God. That Spirit is the type of Spirit that will have the Holy Spirit as the driver alive in them. A Christian should be a person that leans on the Holy Spirit always. The Holy Spirit they receive suppose to be that of courage and truth. Any person that does not have everything that a Christian suppose to have as a reborn Christian, has not got the Holy Spirit in him.

ISI NKE ANỌ

IMERỤ IKIKE ENYEMAKA NKE MMỤỌ NSỌ

Nye anyị mmụọ nke na-enye ndụ; mụọ nke na-enye ihe na-enye ike, mụọ nke na-agba anyị ume, ka anyị na-eme uche Gi. (Ukwe)

Oge e mere mmadụ mmirichukwu ka e mere ya nwa nke Chukwu na ịbụ onye otu Kristi, nke pụtara na ọ natara Mmụọ Nsọ. Mgbe e doro onye e mere mmirichukwu ike n'okwukwe, ka ọ natazuru

CHAPTER FOUR

VIOLATING THE STRENGTH OF THE ASSISTANCE OF THE HOLY SPIRIT

Give us the spirit that gives life; the spirit that gives life and strength, the Spirit that strengthens us, so as to do your will (a

Mmụọ Nsọ. N'ihi ya, ọ tozuola ịbụ onye agha nke okwukwe. Okwu ahụ Nnukwu Ụkọchukwu na-ekwu mgbe a na-edo mmadụ ike n'okwukwe ka o si dị na *The Catechism of the Catholic Church (CCC 1300)* bụ, "Accipe signalum doni Spiritus Sancti" ("Nara akara nke Mmụọ Nsọ"). Ihe nke a pụtara bụ na ike nke Mmụọ Nsọ agbanwoola adịghị ike nke okwukwe anyị. Dịka ọkụ, Mmụọ Nsọ erechapụla ihe ọjọọ niile dị n'ime obi mmadụ, ma nye onye ahụ ezi ihe nke ndụ.

O doro anya na ka a mụrụ mmadụ, a mụrụ onye ahụ n'oyiyi nke Chineke, n'ihi na Chineke kwuru sị:

Ka anyị kee mmadụ n'oyiyi anyị na n'ụdị anyị, ka ha nwee ike ọchịchị n'ebe azụ mmiri niile dị, n'ebe nnụnụ igwe niile dị, n'ebe anụụlọ niile dị, n'ebe ụwa niile dị, nakwa n'ebe ihe niile e kere eke ji afọ aga ije n'elu ụwa dị.

song).

When a person is baptized is when the person becomes the child of God and a Christian, which implies that the person has received the Holy Spirit. When a person is confirmed in the faith, is when the person fully receives the Holy Spirit. And that qualifies him to be a soldier of Christ. The words spoken by the Bishop when a person is being confirmed as it is in *The Catechism of the Catholic Church (CCC 1300)* is, "Accipe signalum doni Spiritus Sancti" (Be sealed with the gift of the Holy Spirit".) This implies that the Power of the Holy Spirit has fortified the confirmed in the faith. As fire, the Holy Spirit consumes all imperfections in man, and makes the person the true light of life.

It is clear that when a person is born, the person

Gen. 1:26.

Ya mere na ngụkọwa usoro ndụ nke Chineke dị n'ime mmadụ bụ onyinye nke Chineke dị otu a:

a. Gen. 1:27 "Ya mere, Chineke kere mmadụ n'oyiyi onwe ya, n'oyiyi Chineke ka o kere ya, nwoke na nwanyị ka o kere ya".

b. Matt. 28:19 "Ya bụ, gaanụ, meenụ ka mba niile bụrụ ndị na-eso ụzọ m, Na-emenụ ha Mmirichukwu n'aha nna, na nwa, na mmụọ nsọ".

c. Ọrụ ndị ozi 2:4. "Ha niile jupụtara na Mmụọ Nsọ, wee malite ikwu okwu n'asụsụ dị icheiche dịka Mmụọ Nsọ si nye ha ike ikwu okwu".

Ọ dị mkpa ịmata na ezigbo onye otu Kristi ọ bụla na-anata

is born in the image and likeness of God, for God said, "Let us make man in our own image, in the likeness of ourselves ..." Gen. 1:26.

The outline of the way of life of God in man, which is God's gift is as follows:

a. Gen. 1:27 "God created man in the image of himself, in the image of God he created him, male and female he created them.

b. Matt. 28:19 "Go, therefore, make disciples of all nations; baptise them in the name of the Father and of the Son and of the Holy Spirit..."

c. Acts of the Apostles 2:4 "...they were all filled with the Holy Spirit and began to speak different languages as the Spirit gave them power to

Sakrament n'ime otu nzukǫ, natara uju ndụ nke Chineke n'ogo atǫ ndị a, naanị na oge o jiri nata ha na etu o siri nata ha nwere ike dị iche. N'ezie, ǫ ga-adịrịrị iche ebe ǫ bụ na o nweghi mgbe ihe niile na-eme na ndụ ndị mmadụ anaghị adị iche iche, ǫ bụladị oge otu ihe na-eme otu ndị. N'ime ebe nrụtụaka a m deputara, ka e nwere:

i. Okike nke Chineke kere gi adịghị iche na nke Onyeamụma Jeremaya, bụ onye ǫ gwara sị, "Tupu a tụrụ ime gi, amarala m gị, tupu a mụǫ gị, edoola m gị nsǫ; ahǫpụtakwala m gị ka onye amụma nke mba niile. (Jeremaya 1:5).

ii. Mmirichukwu nke

express themselves".

It is important to note that every good Christian that receives the Sacraments, in the communion of the faithful, receives the fullness of God in these three levels; only that when he receives them and how he receives them may vary. Truly, it must be different since everything that happen in the life of men always vary, even when the same thing happens to a group. From what has been said, the following can be deduced:

i. Your creation is not different from that of Jeremiah, whom he told, 'Before I formed you in the womb I knew you; before you came to birth I consecrated you; I appointed you as

mmadụ natara (Jn. 3:5).

iii. Ido ike n'okwukwe mmadụ nwetara. II Tim. 1:6

Ihe na-agbagwojuzi anya were bụrụ ihe kpatara onye otu Kristi ga-eji nwe ike ịbụ ngwaọrụ nke ajọ onye, n'agbanyeghi na ọ natara ikike ịbụ Chukwu nke Chineke bụ; maọbụ n'agbanyeghi na o nweghi mgbe ọ gara nata onyinye nke ịkpa ike ọjọọ site n'aka ajọ onye.

Ikike Chineke nyere mmadụ bụ ike nke ịchụpụ ekwensu site n'aha nke nwa nke mmadụ. Mmadụ nwere ike ime nke a n'ụdị abụla ụdị, oge abụla oge, na n'ụzọ abụla ụzọ. Ụzọ ihe abụọ dị n'ịchụpụ ekwensu bụ na:

i. E nwere ike ịchụpụ ekwensu site n'ebe a chọghị ya; ya bụ site n'ịchụpụ ya ebe ọ na-

prophet to the nations'. Jer. 1:5.

ii. The life of God is in man through the Baptism that a person received Jn. 3:5.

iii. And through the confirmation in the faith that a person received. II Tim. 1:6

What is surprising is why a Christian should be an instrument of the evil one, despite the fact that he is an image of God?

The power that God gave to man is the power to drive out the devil in the name of the Son of Man. A person can do this in different ways and in different times. A Christian can only take out time to drive the devil with the following reasons:

i. If the devil can be driven out from where it has no right to be;

enye ụmụ Chineke nsogbu.

ii. Nke ọzọ bụ na ebe ekwensu weere ụdị mmadụ nke na e nwere ike iche na ọ bụ mmadụ, ọ ga-enweriri ime ahụ na ọbala a ga-achubanye ya.

"Ma n'oge ahụ oke igwe ezi nọ na-ata nri n'elu ugwu. Ndị mmụọ ọjọọ ahụ rịọrọ Jesu ka o kwenye ka ha banye n'ime igwe ezi ndị a. Jesu kwenyere ka ha banye. Ndị mmụọ ọjọọ ahụ siri n'ime nwoke ahụ pụọ, bịa banye n'ime igwe ezi ahụ sitere n'elu ugwu ebe ha na-ata nri gbadata n'ime osimiri, ebe mmiri gbagburu ha". (Lk.8:32-33).

Holy Ghost...Fire! bụrụrị ihe onye otu Kristi nwere ike ikwu, o kwesighi ịbụ ihe onye otu Kristi kwesiri ịgwa mmadụ ibe ya. N'aka

that is from where it disturbs the children of God.

ii. Another is that since the devil took the form of man to the extent that he can be confused for man when he possesses a person, there must be a body made up of body and blood into where he must be driven.

"Now there was a large herd of pigs feeding there on the mountain, and the devils begged him to let them go into these. So he gave them leave. The devils came out of the man and went into the pigs, and the herd charged down the cliff into the lake and was drowned". Lk. 8:32-33.

If **Holy Ghost...: Fire** is what a Christian must say, it mustn't be what a Christian must say to another person. On the other hand, man's lips are

nke ọzọ, ọnụ mmadụ ezughi oke n'idi ọcha ịkpọku Chineke ka o busoro ya mmadụ ibe ya agha, ebe onye ọ na-ebuso agha sorolarịị bụrụ ndị a mụrụ n'ozuzu onyinyo nke Chineke dịka anyị sirila hụ ya, n'ihu akwụkwọ ndị gara aga. Mmadụ ịsị mmadụ ibe ya *Holy Ghost... Fire!* dị ka ịkpọ Chukwu ka o were ike ya dị egwu, bịa gbaara ya bụ onye ajọ ọgụ. Mmadụ ịsị mmadụ ibe ya *Holy Ghost... Fire!* pụtara:

- Ịkpọ Chukwu ka Ọ gbaara ya ọgụ.

- Ịgwa Chukwu etu ọ ga-esi gbara ya ọgụ.

- Ịgwa Chukwu ka o were ọkụ gbaara ya ọgụ (site n'irechapụ onye maọbụ ndị iro ya).

- Igosi na ọ chọrọ ọnwụ onye njọ (ọ bụghị ka

not pure enough to call on God to help him fight his neighbour, when the person whom he is threatening is already one of those who were born in the perfect image and likeness of God as has been seen in some pages before. For somebody to say **Holy Ghost...: Fire** to another person is like calling on God to take his awesome power, to mediate for him. For a person to say **Holy Ghost...: Fire** to another person implies:

- To call on God to fight for him.

- To tell God on how to embark on that fight.

- To tell God to use the form of fire to wage that war (by consuming his enemy or enemies).

- To show that the person desires the death of his

onye njọ chegharịa)

- Igosi na ya onwe ya emejọbeghi mmadụ ibe ya.

N'ihi nke a, onye otu Kristi hụrụ mmadụ ibe ya n'anya ekwesighi ịsị mmadụ ibe ya Holy Ghost...: Fire! makana ihe mmadụ cheere onye ọzọ, ọtụtụ oge, na-alaghachikwute ya.

Ọ dị mkpa onye otu Kristi nwere mmụọ ịbọ ọbọ isi n'akwụkwọ nsọ gụọ ejije Jesu, James na John, mgbe James na John rịọrọ Jesu ikike ka ha si n'eluigwe kpọtuo ọkụ ka o repịa ndị Sameria bụ ọgbatauhie diịri ha n'ụzọ njem ha.

...O chere ihu ịga Jerusalem. O zipuru ndịozi ka ha buru ya ụzọ gaba. Ndị nke garanụ banye otu obodo nta nke Sameria, ka ha doziere Jesu ihe tupu ọ bịaruo. Ma ndị obodo ahụ jụrụ ịnabata ya, n'ihi na o chere ihu ịga

enemy or enemies (and not for the sinner to repent).

- To show that the person himself has never offended another person before.

This will explain to us why a person who loves another person should not say Holy Ghost...: Fire to another person because the measure that one uses for another person is often the measure one receives.

It is important for a Christian that has a revengeful mind to read the drama that involved James, John, Jesus and the Samaritans, when James and John asked Jesus for the permission to call fire from heaven to consume the Samaritans who were preventing them from crossing their territory:

…he resolutely turned his face towards Jerusalem and sent messengers ahead of him. These set out, and they went into a Samaritan village to

lxii

Jerusalem. Mgbe ndị na-eso ụzọ ya James na John, hụrụ ihe merenu ha sịrị, "Dinwenu, ị chọrọ ka anyị sị ọkụ site n'eluigwe daa, repịachaa ha?" Jesu chigharịrị , baara ha mba. Ha wee gaba obodo nta ọzọ. Lk. 9:51-56.

N'akụkọ a, anyị ga-ahụ na:

i. Ndị Sameria na ndị Juu dị n'ezigbo iro malite n'ihe dịka afọ 933, B.C. (1Ndịeze 12:16-17); ha nọgidekwara n'ọnọdụ ahụ tupu a mụọrị Jesu, etu ụfọdụ obodo na ibe ha siri bụrụ ndị iro eri nnu kwuru nnu afọ gara aga.

ii. Onye iro ọ bụla na-ele anya ka ọ mara ma o nwere ihe o ji karị onye iro ya, ka o were ya mesie ya ike (dịka James na John siri chee na site na Kristi, ha nwere ike imesi ndị obodo nochiiri ha ụzọ ike site n'isu ha ọkụ).

make preparations for him, but the people would not receive him because he was making for Jerusalem. Seeing this, the disciples James and John said, 'Lord, do you want us to call down fire from heaven to burn them up'? But he turned and rebuked them, and they went on to another village' .Lk. 9:51-56.

This passage shows that:

i. The Samaritans and the Jews have been enemies since about 933 B.C. (1Kings 12:16-17); they remained so even before Christ was born, just as some neighbouring towns have been enemies of each other for a very long time.

ii. Every person always looks for the advantage he has with which to out-do his enemy (just as James and John thought that they could use Christ to deal with the Samaritans that were blocking their way).

iii. With what Christ said to

iii. Site na mba Kristi baara ụmụazụ ya, anyị ahụla na mmadụ ekwesighi iji ihe o ji ka ibe ya mma mesiwe ndị ọzọ maọbụ ndị iro ya ike.	James and John, we have seen that no one has the right to use whatever he has as a weapon of destruction of another person, even if he is his enemy.
iv. Site n'ihe ahụ e deputara, anyị ga-ahụ na echiche Chineke na-adi iche site na nke mmadụ.	iv. From this passage, one can see that God's way is very different from that of man.
v. Anyị hụkwara na o nwere ebe e deputara a machiri iji ọkụ nkịtị were bọ ụgwọ, ma ya fọdụzie itinye ya Chukwu Mmụọ Nsọ, "Holy Ghost: Fire!" Ma ọ bụrụ na o nweghi ebe Chineke nyere ikike maọbụ e deputara ka e jiri Holy Ghost: Fire, bọ ụgwọ, keduzi ebe mmụta nke a si?	v. While it is still very difficult to locate where fire is used as an instrument of revenge, we have seen that there is at least a place where it is warned that fire should not be used for revenge, let alone adding to it the Holy Ghost to make it Holy Ghost...: Fire!
Edemsibịa **A Catechism of Christian Doctrine** (1971), London: Catholic Truth Society.	And if there is no place where God gave the permission, or where it is implied, expressed or advised that Holy Ghost...: Fire should be used as an instrument of revenge, from where did this knowledge come? References **A Catechism of Christian**

Baịbụl Nsọ, (1999). Ọnịcha: Africana-First Publishers Limited.

Ezeani, C. (2014). **Fides Newspaper,** June 8-14. Ọkpụnọ: Fides Communications.

Nwedo, A. (Ed.) (1959). **Catechism nk'Okwukwe Nzuko Catholic n'Asusu Igbo.** Ibadan: Claverianum

Doctrine (1971), London: Catholic Truth Society.

Ezeani, C. (2014). **Fides Newspaper,** June 8-14. Ọkpụnọ: Fides Communications.

The New Jerusalem Bible (1985). Geoffrey Chapman (Ed.), 1 Vincent Square, London SW 1.